JN024904

北前船が運んだ民謡文化

MISUMI Haruo
三隅治雄

第三文明社

本書の刊行を祝して

酒田市美術館館長・北前船寄港地フォーラム議長　石川　好

いまから二十年ほど前、秋田公立美術工芸短期大学（現在は四年制の秋田公立美術大学）の学長を務めていた頃、私は秋田市と酒田《さかた》市を結ぶ経済圏を作ろうと呼びかける文章を地元紙に寄稿した。その趣旨は、かつて出羽国《でわのくに》と呼ばれていた秋田と酒田は北前船の寄港地としてお互い交流があったが、将来的にはいわゆる北前船の寄港地、すなわち大阪から瀬戸内海を通り下関に出て、今度は日本海側の港町を列島沿いに北上し、敦賀《つるが》港を経て、新潟、酒田、秋田、そして北海道の松前《まつまえ》に至る全長二千五百キロメートルに及ぶ海路を結ぶ経済交流・インフラを再構築しようと、夢のような考えを提案した覚えがある。

果たして、この提案は酒田市に住む平田牧場の創業者・新田嘉一《にったかいち》さんが知ることになり、酒田市において、第一回北前船寄港地フォーラムを開催する運びとなったのである。このフォーラムに注目したのが地域自治体のほか、ＪＲ東日本、ＡＮＡ、そしてＪＡＬといった旅行業界の方々であった。彼らの資金的協力もあり、それからは日本各地の北前船寄港地で年に二回、あるいは三回開催するようになっていった。回を重ねるうちに、フォーラムは新しい旅行メニューを作る集会であったり、地元の食文化を論じる集会になったり、郷土史の発表会になったり、本書で詳しく紹介されているような北前船寄港地の民謡を実演で紹介するフォーラムとなったり、各地の主催者が知恵を絞り、フォーラムを盛り上げたのであった。

フォーラムは常に満員で、千人を超えるときもあった。そうした活動を続けているとき、日本政府は二〇二〇年の東京オリンピック・パラリンピック開催に合わせ世界から多くの観光客が訪日するであろうから、彼らのためにも日本に新しい観光資源があることをＰＲするために、ユネスコの「世界遺産」からヒントを得て、「日本遺産」の制度を発表し、平成二十九（二〇一七）年、このフォーラムの発祥地秋田市や酒田市を含む北前船ゆかりの十一市町村が、「荒波を越えた男たちの夢が紡《つむ》いだ異空間～北前船寄港地・船主集落～」として認定されたのであった。長く忘れられていた北前船の歴史は、観光資源としてこのようにして突然よみがえったのである。

もとより、各北前船寄港地には多くの郷土史家や学芸員がいて、貴重な文献資料も保存されているので、これまた少なくない小冊子が、市町村行政によるものや、郷土史家による私家版の研究書として刊行されていた。

北前船は「動く総合商社」と名付けられたように、各地域のあらゆる商品を運び商売をしたのであるが、北前船のユニークさは出発した港で積み込んだ商品を寄港する港々で売り捌《さば》き、そのお金で再び仕入れを行い、また次の寄港地でも同じことを続けるという、従来では考えられない商売を行ったことである。新しいビジネスモデルを作り、実行したのであった。

しかし、「船の総合商社」という命名が災いしたのか、船が運んだのは主として物理的商品だと思われている。そうした物理的商品より重要なものは、姿・形が見えない文化を伝えたことであった。

たとえ運んだものが商品であっても、それを運ぶのが船員であれば、見知らぬ土地で、見知らぬ人間同士の交流も始まる。しかも出会う場所が港町であれば、そこでは唄《うた》がうたわれるであろう。うたわれた、これまで聞いたこともない唄は、地元においても誰とはなくうたわれていたメロディーや歌詞の中に溶け込み、新しい唄として生まれる。

誰が初めにうたったかは問題ではない。人間が出会い、酒が入れば、自《おの》ずと人々の口からは唄が出るであろう。こうして作曲者も作詞者も不明の唄が誕生したのであった。

そして船乗りたちが下船すれば、町は賑《にぎ》やかになり、色街《いろまち》も誕生する。北前船の寄港地のどこに出向いても、多くの料亭や色街が今日でも僅かにではあるが残されている。そこでは本書で紹介されている唄が多くうたわれたことであろう。そしてその唄は、詩となり、歌となりといったように、それが土地土地で変容しながら地元民謡として定着したのであった。本書を読めば、あの民謡は長崎県でうたわれていたものが、日本海を経て北陸に伝わったのか、と思い知るであろう。その好例がハイアー（ハイヤ）節である。

日本は民謡大国と言われるが、そのうち大半がこの北前船寄港地で始まったことが本書によって証明されたのである。

また、北前船は単に物資を搬送する船ではなく、民謡や芸能、文化といったソフトパワーの伝承船でもあったことが見事に立証されたのである。

本書は長く民俗芸能を研究しておられる三隅治雄氏が北前船寄港地に伝わる民謡に焦点を絞り、各地の民謡発生の由来を実証したもので、本書の刊行により、北前船研究は大きな広がりを持つことになるだろうことは疑いようがない。

本書の刊行が刺激となって、いつの日か北前船寄港地フォーラムにおいて、全国的な

「北前船寄港地民謡フォーラム」が開催されることを期待したい。同時に北前船寄港地フォーラムに参加された方々に、必読の書として一読を薦めたい。

二〇二一年五月吉日

〈もくじ〉

第2章　山形県～富山県 編　〈酒田～伏木富山港〉

第3章　石川県～福井県　編　〈七尾～小浜〉

第4章　島根県〜山口県　編　〈隠岐〜三田尻〉

第5章　広島県〜大阪府　編　〈尾道〜大坂〉

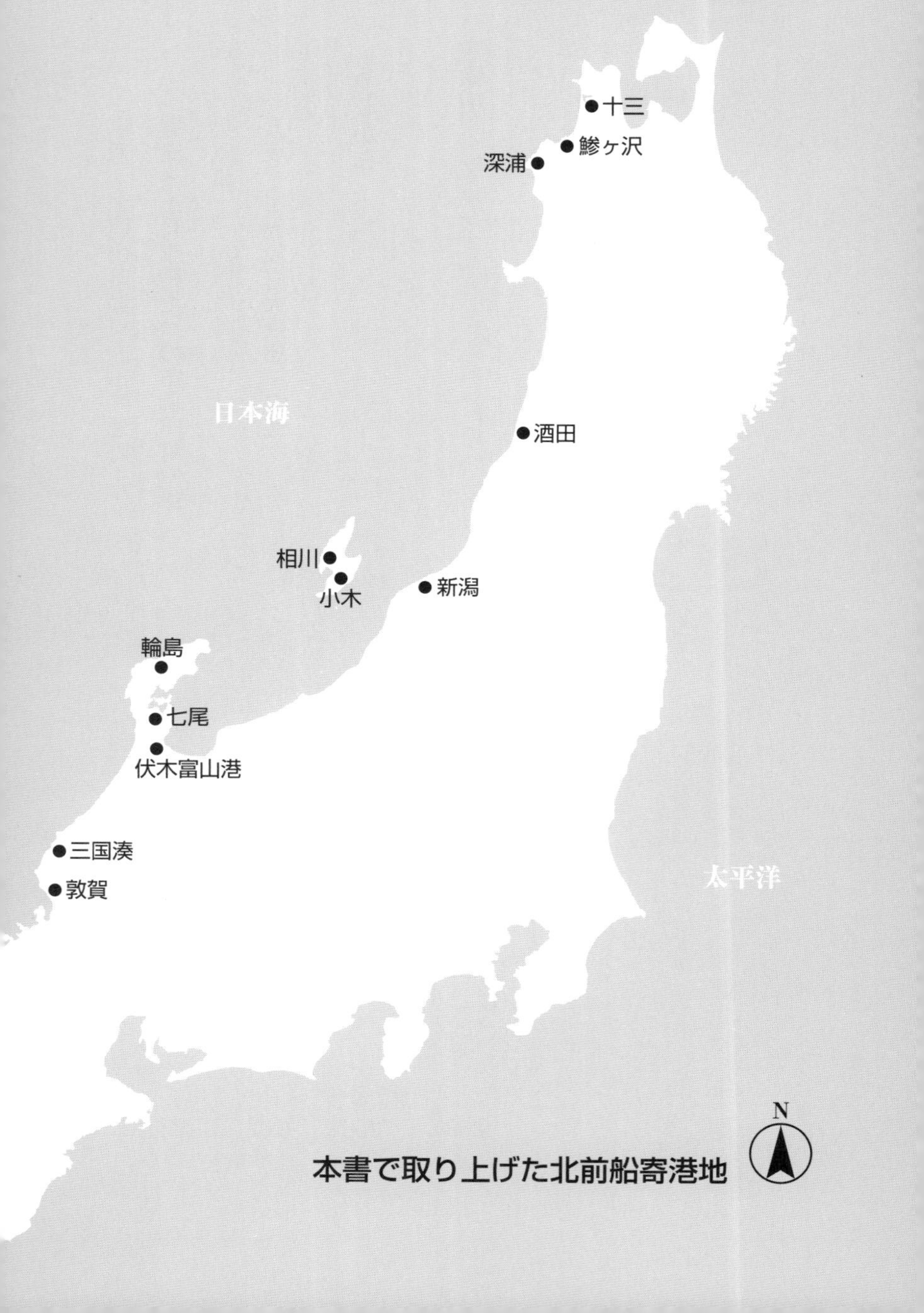

本書で取り上げた北前船寄港地

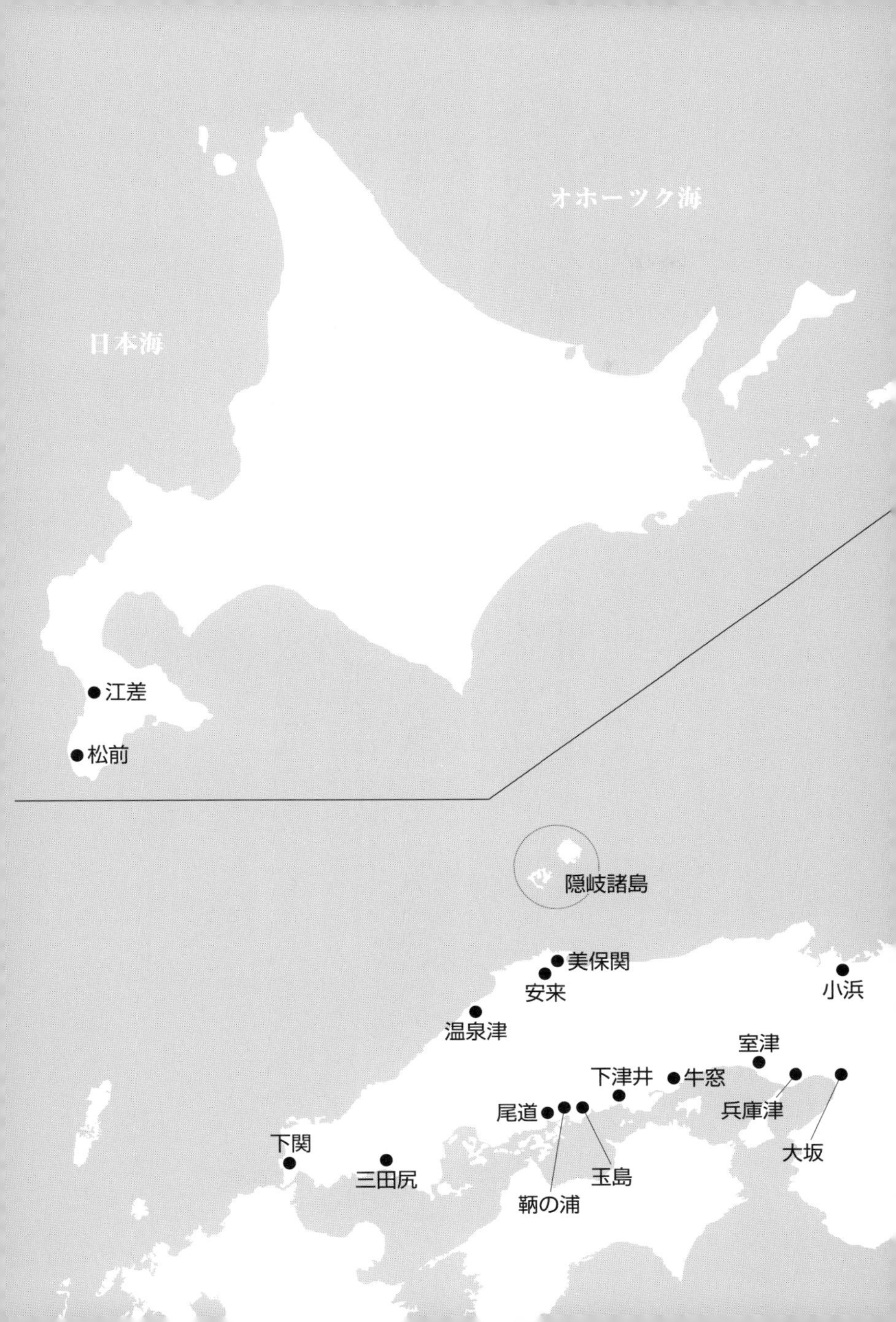
オホーツク海
日本海
江差
松前
隠岐諸島
美保関
安来
小浜
温泉津
室津
下津井
牛窓
兵庫津
大坂
尾道
下関
三田尻
玉島
鞆の浦

《凡例》

※　年次表記は和暦（西暦）の順にした。

※　改元の年は、改元前の出来事でも、原則として新年号の元号表記にした。

※　和暦・西暦表記は吉川弘文館発行の『歴史手帳』に従い、当該年の西暦に転換して表記した。

※　民謡などの歌詞は著者の研究・保有する資料に準拠した。

※　各種祭事の名称は、著者の研究・保有する資料、主催者の表記に準拠した。

第1章　北海道・青森県編　〈江差〜深浦〉

江差《えさし》――北海道檜山郡《ひやまぐん》江差町

港町は音楽を育む揺りかご

「かもめの鳴く音《ね》に／ふと目をさまし／あれが／蝦夷地《えぞち》の山かいな」

民謡ファンなら誰もが知る名曲、「江差追分《えさしおいわけ》」の有名な歌詞の一節です。毎年九月に催される「江差追分全国大会」には、全国各地はもちろん、海外からも多くののど自慢が大挙エントリーして、その人たちがうたう「かもめの……」の歌声が、朝から晩まで会場に響き渡ります。凄《すご》い熱気です。昭和三十八（一九六三）年に始まって六十年近く経《た》つ、日本民謡界最大のイベントです。

江差の所在は、北海道檜山郡《ひやまぐん》江差町。北海道の南部、渡島《おしま》半島の西海岸に位置する港町です。人口はわずか八千足らず。そんな小さな北国の、冬場にはタバ風と呼ぶ猛烈な北西風が吹き荒《すさ》ぶ寒冷地に、どうしてこれだけの国内外の人々を酔わせる唄が花開いたのか？

理由《わけ》は、港と音楽の縁《えにし》です。

私たちは先人から聞いています。アルゼンチンタンゴが首都ブエノスアイレスの外れの、古びた港町ポルテーニャで誕生したことを。またジャズが、アメリカ南部ルイジアナ州の港湾都市ニューオーリンズで育《はぐく》まれたことを――。わが国でも、あの陽気なリズムで各地を沸かせた「ハイヤ節」が、熊本県は天草《あまくさ》島の漁港牛深《うしぶか》を源泉地としたことを。

いずれも諸国の船の出入りする港町。船は諸国の物と音楽を運びます。キューバのハバネラが南米へ、西アフリカの黒人音楽が北米へ、南海のリズムが九州へと伝播したのです。そして、運んだ音楽を再生させた場所が何と、タンゴが場末の安酒場、ジャズが闇の特飲街、ハイヤ節が波止場の遊郭と、いずれも道学者が眉を顰《ひそ》める「悪所《あくしょ》」でした。

「江差追分」も揺籃《ようらん》の場は、浜辺の悪所です。江戸時代、春になると、やがて押し寄せるニシンの漁獲を目指して、諸国から船と水主《かこ》、ヤン衆（出稼ぎ漁夫）たちが江差港に続々渡航してきました。と、それを迎えて港の前浜に浜小屋と呼ぶ仮小屋が百軒近くも立ち並び、酌女《あやこ》たちが待ち受けて、漁の続く毎晩、「飲めや歌え」の乱痴気《らんちき》騒ぎ。そのときうたわれたのが、船が運んだ「追分節」の元唄でした。それが「浜小屋節」と称されていました。

この元唄は、同じ江差港の背後の丘に開けた新地の料亭街でも、船主・問屋衆相手のお座敷で芸妓《げいぎ》の三味線に乗せてうたわれ、こちらは「新地節」と呼ばれました。荒っぽく潮くさい「浜小屋節」に比べ、小粋な色香が「新地節」の風味でした。

その後、町場の詰木石《づみきいし》町に住む声自慢が土くさく野太い節を聴かせて人気を得、「詰木石節」と呼ばれました。

これら三種の節が絡み合いながら、江差の港で「追分節」の枝葉を伸ばし、やがて花を咲かせるようになったのです。その間、佐ノ市など、旅芸人の味付けもあったとの伝えがあります。

「江差追分」を運んだ北前船

では、この「追分節」の元唄はどこから運ばれて来たのか?

それは日本海沿岸の、越後の新潟港です。新潟港は日本一の長流、信濃川の河口にある港で、江戸時代初期の寛文十二(一六七二)年、河村瑞賢《かわむらずいけん》によって開かれた西廻り航路の寄港地として栄えました。この航路は、日本海から瀬戸内海へ回って大坂に至るもので、江戸中期から活躍する北前船もこのルートを通り、大坂から山陰・北陸・奥羽《おうう》・蝦夷地（北海道）まで航海しました。

新潟の遊里《ゆうり》は、有名な芸どころでした。船乗りたちが運んでくる海からの唄のほか、信濃川・阿賀野川からは山の唄、三国《みくに》街道・北国《ほっこく》街道、さらにそれとつながる中山道《なかせんどう》からは諸国の流行《はや》り唄や芸能がここに集まって、宴席を取り持つ芸子や遊芸人の手で、しゃれたお座敷芸に仕立てられたのです。

そのなかに、信州の旧追分宿《じゅく》（現・北佐久郡軽井沢町）の唄がありました。中山道が北国街道と道を分ける追分の宿場でうたわれた、馬方《うまかた》の道中唄が元の三味線唄です。「追分節」と呼ばれ、それが新潟花街《かがい》に持ち込まれて「越後追分」となり、登楼した松前《まつまえ》通いの船乗りたちが、木遣《きやり》で鍛えた美声でうたったことから「松前節」と呼ばれるようになりました。その後、北前船ロードの港々周辺に流布しながら江差まで伝播したといいます。船乗りたちが「蝦夷や松前やらずの雨が／七日七夜も降ればよい」などの文句をうたったのが名の由来との説もあります。

ともあれ、伝播の過程で、「追分節」の同類として、「酒田《さかた》追分」「本庄追分」などが生まれ、江差や隣町の松前にも同じ根から出た「馬方三下《さんさ》がり」という唄があります。また、舟子の木遣の唄は「松前木遣」と呼ばれ、ニシン場で働くときに用いられました。いまにうたわれる「鰊場音頭《にしんばおんど》」です。

そうしたなかで、「江差追分」だけが飛びぬけて名高く、世に広まったのはなぜでしょうか？

江差の五月は江戸にもない

江差港のニシン漁の全盛は、江戸中期から明治時代まで続きました。

ニシンは、頭や内臓を取り除いて乾燥させた身欠きニシン、卵巣の塩漬けをカド（カズ）ノコと呼んで食用とする一方、背骨や頭・胴を肥料とし、小ぶりのものは煮て油と〆粕《しめかす》に分けて肥料として重用されました。ニシンを「鯡」とも書くのは「魚に非ず」で、松前の米に相当する暮らしの糧《かて》だとの意識からだとの説があります。

文化十四（一八一七）年、幕府役人松田伝十郎が記す『北夷談』によれば、港の沖合に浮かぶ弁天島（鷗島《かもめじま》）の島陰に、何と三千余艘の船が係留《けいりゅう》し、いざ海面が変色するほどのニシンが群集するや、いっせいに勇み立って、町衆も交えて差網《さしあみ》漁を競ったそうです。

上方《かみがた》・中国・北陸筋の北前船も大小来航し、江差にはない米・酒・塩・煙草・木綿などを卸してこの活況の街に売り、一方でニシン粕ほか土地の産物を買い積む。町家は滞在の商人などに家を貸し、浜小屋は昼夜の別なく三味線、太鼓を響かせたといいます。人口が膨らみ、その繁華さは「江差の五月は江戸にもない」と評されました。

港町の再起を唄に託す

しかし、江差の繁栄もニシン漁あってのこと、魚群が北に移動した明治三十年代（一八九七〜一九〇六）以降は、不漁続きの状態になります。すると、当地に出店を開いていた近江商人などはさっさと撤退し、人口は激減。花柳《かりゅう》界も衰微し、街の灯が消えそうになりました。

が、「消してはならじ、江差には燃える民の心の唄がある」ということで、その唄で街に灯を付けようと有志が奮起。明治四十（一九〇七）年に詰木石町で「追分」大会を催し、同四十三（一九一〇）年には町内の歌い手が集まって、さまざま節の異なる「追分」を、より美しい一つの節に練り上げようと研究会を開きました。

「正調追分節」の誕生。かつての酒席の戯《ざ》れ唄が、町のアイデンティティーを誇示する唄に昇華したのです。嬉しいことに、他県からもこの唄を愛する逸材が世に出てきます。明治三十九（一九〇六）年には、東京神田で「追分道場」を開いた宮城県の名手・後藤桃水《とうすい》があり、さらに、地元の歌い手・平野源三郎が東京に進出して、レコード吹込みもするなど、「追分」の声価が徐々に世に高まるようになりました。やがて伴奏の三味線が尺八に替わり、唄の前後に前唄と送り唄を配する組み立てが取り入れられ、歴代の名手の努力によって現在の「江差追分」に育ったのです。

栄華を語る江差のたたずまい

かつて「江差千軒」と謳《うた》われた街の繁栄は失われましたが、唄が燦然《さんぜん》と輝き、国外にも知られた名歌手が何人も町に居住している。小さいながら、江差は世界の音楽都市です。往時の姿を伝える、廻船問屋の中村家（国指定重要文化財）や横山家（北海道指定民俗文化財）の店構えの品格。十艘《そう》の北前船を保有して、豪商ぶりを誇った関川家の別荘の風趣など、鄙《ひな》（田舎）のレベルを超えたこの北辺の港町の文化の矜持《きょうじ》が、あちこちから感じられます。

例年八月、姥神《うばがみ》町鎮座の姥神八幡宮《はちまんぐう》で営まれる大祭は、山車《だし》十三台を連ねた豪華なもので、京の祇園《ぎおん》祭を彷彿《ほうふつ》させます。

いまを去る昭和六十一（一九八六）年六月、北前船ゆかりの高田屋嘉兵衛生誕地の淡路島で復元建造された北前船辰悦丸《しんえつまる》に、江差漁師にして世界的な追分名人の青坂満《あおさかみつる》を船頭とする江差の有志連中が乗り組み、かつての北前船ルート十八カ所の寄港地を訪ね、二千五百キロメートルにも及ぶ大航海を敢行しました。その帰港を迎えた見物人は二十万人に達し、「江差の五月は江戸にもない」の光景を再現したといいます。

淡路島の津名港を出港した辰悦丸（提供：毎日新聞社）

北前船歌詞集——江差

江差追分

前唄
国を離れて蝦夷地が島へ　ヤンサノエー　幾夜《いくよ》寝覚めの浪まくら
朝な夕なにきこゆるものはネ　友よぶかもめと浪の音

本唄
かもめの鳴く音にふと目をさまし　あれが蝦夷地の　山かいな

後唄
沖でかもめの鳴く声きけばネ　船乗り稼業がやめられぬ

前唄
松前江差の津花の浜で　ヤンサノエー　好きなどうしの泣き別れ
連れて行く気は山々なれどネ　女通さぬ場所がある

本唄
忍路《おしょろ》高島およびもないが　せめて歌棄《うたすつ》　磯谷《いそや》まで

後唄

蝦夷地海路のお神威《かむい》さまはネ　なぜに女の足とめる

【ひとくち解説】

民謡愛好者なら誰もが憧憬《しょうけい》する名曲。世界的にも名高い。無拍節の伸縮自在の長いメロディーの中にサシ、ノシ、スクリなどの装飾的節回しをあしらう技巧は、歴代名手が磨き抜いてつくり上げた鑑賞歌曲である。ニシン漁で賑《にぎ》わう港の浜小屋・新地などでうたわれた宴席の唄から、町を代表する唄になった。本唄を元に長崎の櫓漕《ろこ》ぎ唄「エンヤラヤ」が源流の節を前後に配して現在の形となり、送りばやしも添えられた。歌詞は数多く、名吟に富む。

江差沖揚《おきあ》げ音頭

船漕ぎ（出船。定着網を設置した建場までの櫓漕ぎ唄）

ヨーイサエー　エンヤーエーエー　ヤーサノエー　オーシコー　オーシコー　ホー

ラエー　オーシコー　ドッコイヨー　オーシコー

網起こし（海中に設置した建網にニシンを誘い込み、垣網の誘導で身網に集めたニシンを、起こし船の漁夫が枠網に落とし込む作業）

ドッコイ　ドッコイショ　アラ　ドッコイ　ドッコイショ　ヤーお手々を揃えて
ドッコイショ　アラ　ドッコイ　ドッコイショ

切り声（網起こしの作業に気合を入れる）

ドードドットコセーノ　コリャ　イエー　ハー　ヨーイヤサ　ヤサーヨーラ　ヨイ
ト　止めてくれよー　エー　ヨーイトサー　ヨーイトナー　ホーラー　エンヤ　ア
リャアリャドッコイ　ヨーイトコ　ヨーイトコナー
ホーラエー　松前江差の鴎《かもめ》の島は　ヤーエー　ヤートコセ　ヨーイヤナ
ホーラ　地から生えたか　浮島か　ヨーイトナー　ホーラ　エンヤ　アリャアリャ
ドッコイ　ヨーイトコナー　ヨーイトコナー（以下略）

ニシン汲み（沖揚げ。枠網に落とし込んだ鰊《にしん》をタモ網で、汲み船に水揚げする作業の唄）

エー　ヤーレン　ソーラン　ソーラン　ソーラン　ソーラン（ハイハイ）
沖の鷗に潮時問えば　わたしゃ立つ鳥　波に聞け　チョイ　ヤサエー　エンヤーア
ンサーノ　ドッコイショ　ドッコイショ

ニシン来たとて鷗がさわぐ　銀の鱗《うろこ》で海光る　チョイ　ヤサエー　エンヤーアン
サーノ　ドッコイショ　ドッコイショ

船漕ぎ（帰り船）

ヨーイサエー　エナヤーエイエー　ヤーサノエー　イエー　オーシコー　オーシ
コー　ホーラエー　オーシコー　ドッコイヨー　オーシコー

子叩き（身網や枠網に張り付いた数の子を、浜辺に網を広げて竹の棒で叩き落とす作業の唄）

ヨーイヨーイ　ヨイヨイヨイ　コリャ　アリャラン　コリャラン　ヨーイトナ　ハ
ア　ヨイヨイヨイヨイ
わたしゃ音頭取って　躍らせるから　アー　イヤサカサッサ夜明け鴉《からす》のノー　渡る
まで　アリャ　渡るまで　鴉のノー　渡るまで　アー　イヤサカサッサ

【ひとくち解説】

江差港周辺海域で行われたかつてのニシン漁での作業唄。港から建網を設置した建場《たてば》へ船を漕ぎ出し、網に追い込んだニシンをタモ網で船に汲み上げて浜に帰り、浜での網に張り付いた数の子（ニシンの卵）を叩き落とす唄などなど。北海道西部の石狩湾以南の後志《しりべし》・檜山・渡島のニシン場でもさまざまにうたわれた。

作業のなくなった現在は、「船漕ぎ音頭」「網起こし音頭」「沖揚げ音頭（ソーラン節）」「子叩き音頭（イヤサカ音頭）」などの曲名で聴かせる民謡になっている。積丹《しゃこたん》半島の積丹町美国《びくに》のニシン漁の唄をまとめた「美国鰊場音頭」が知られている。

江差には他に「追分節」と源流を同じくする「江差三下がり」や「江差餅つきばやし」、盆踊り唄の「江差甚句《じんく》」などがある。

江差周辺の伝統芸能・行事

五勝手《ごかって》の鹿子舞《ししまい》

江差町字柏野五勝手に伝わる獅子舞。ふさふさした紙の御幣を髪とした獅子頭《ししがしら》を頭に頂いた雄二頭、雌一頭の舞人が、胸に掛けた太鼓を打ちつつ舞う。東日本一帯に分布する通称三匹獅子舞の一種である。対岸の青森県下北半島の大畑（現・むつ市大畑町）からの移住者とともに伝来したものという。道内には富山県など東北・北陸地方から住民の移住に伴って伝来定着した獅子舞が多い。

松前《まつまえ》——北海道松前郡松前町

北海道唯一の松前藩の城下町

清雅な街です。優しい街です。「北の小京都」「北海道の鎌倉」とも評されています。渡島半島西海岸の江差港から南へ五十キロメートル下った、半島最南端に位置する港町です。明治維新前まで、蝦夷地唯一の城持ち大名であった松前藩の城下町。元の地名は福山で、昭和三十六（一九六一）年に再建された天守閣が、かつての蝦夷地での勢威をしのばせます。社寺の多いのも風致（趣）を豊かにしています。

藩主だった松前家の旧姓は蠣崎《かきざき》で、古くから対岸下北半島に拠《よ》って奥州の大豪族安東（藤）氏に臣従し、主家安東氏が南部氏に敗れて渡島半島に移ると行《こう》をともにして、西沿岸の上ノ国《かみのくに》地方に館《たち》（砦《とりで》）を構えました。康正二（一四五六）年、アイヌの反乱が起きたとき、安東氏支配の館の多くが次々に壊滅するなか、蠣崎季繁《すえしげ》の客分武田信広が奮戦して勝利し、その縁で蠣崎の養嗣子《ようしし》となり、安東氏を凌《しの》ぐ勢力を築きました。

その後、蠣崎氏代々は支配地を広げ、五代慶広《よしひろ》が徳川家康に服して、慶長四（一五九九）年には蝦夷地の支配権を承認され、姓を松前と改めました。さらに、同九（一六〇四）年にはアイヌとの交易独占権を認める黒印状《こくいんじょう》を家康から受けます。

黒印状の授受は、領内では米が採れず、アイヌとの交易に頼らざるを得ぬ経済事情を徳川幕府が勘案してのことで、砂金や檜《ひのき》材など領内の産物の収益高をも石高《こくだか》に換算し、一万石相当の大名として松前家は遇されることになったのです。

アイヌとの交易が藩財政基盤

江戸時代以前には、アイヌと本州人との交易は、津軽海峡を挟んで縄綴船《なわとじふね》（丸木舟に側板を木皮製の縄で括《くく》り付けた船）などの往来で自由に行われてきましたが、黒印状以後、松前藩がすべてを取り仕切って他の介入を許さぬ定めになりました。

さらに、和人の居住地（松前地）とアイヌの居住地（蝦夷地）を分けて、許可なく立ち入ることを禁じました。また、有力な藩士には交易の権利と場所を分け与えて、それを知行《ちぎょう》（俸禄）とする商場《あきないば》知行制も敷きました。

当初、松前藩は、アイヌとの交易の場を福山の港に限って藩自身が行っていましたが、蝦夷地沿岸数十カ所を交易エリア、すなわち商場と定め、その一つ一つを知行主となる藩士が管理し、年に一回商場に赴《おもむ》き、アイヌと物々交換し、得た物を福山に持ち帰って商人に売りました。それが商場知行制です。商人には遠く北陸や近江から行商に来る者がおり、買った産物を本州各地で売り捌《さば》いて利益を得ました。

アイヌが持参する物品は、熊の胆、熊・鹿・海獺《らっこ》・胡獱《とど》などの毛皮、サケ・マス・タラ・ナマコなどの干物、鷲の羽根、鷹・鶴などなど。松前藩からアイヌへの物品は、米・酒・塩・衣類・煙草・刃物類・曲げ物などでした。

ただ、商い慣れぬ藩士にとっては、不得手で面倒ないわゆる「武士の商法」です。売り捌き上手の商人の助けを受け、初めは助言程度だったのが、やがて商場も交易も全部商人に請け負わせて、運上金《うんじょうきん》を上納させるようになりました。商場知行制に代わる場所請負制の登場です。

すなわち、請負人になった商人が自ら買い集めたアイヌ向けの品を船に積み込み、通辞

（通訳者）などを伴って直接商場へ行き、アイヌが携えてきた品と交換。松前の福山港に持ち帰って知行主の藩士に報告し、それを商人が諸方にて適宜売り捌く仕組みです。知行主は見合った商場代を得、藩は商人から運上金を召し上げます。

藩士にとって労せず金銭を得る結構な方法だと、最初はほくそ笑んだでしょうが、どっこいそうは参りません。自分は懐手《ふところで》、商人だけせっせと交易・販売で金銭を稼いでいれば、いずれは何もせぬ知行主が、銭を溜《た》めた商人に場所代担保に銭の前借りに行くのは目に見えています。藩主もやがて請負人が献じる御用金に頼るようになります。

あたかも、幕府・諸藩の武士たちが自身働かず民に労を課するうち、商人が財を積み、やがてその商人に扶持米《ふちまい》を担保に借金をと頭を下げる構図と似ています。「楽あれば苦あり」。武士社会落日の予兆です。

宝を満載した北前船の進出

商場請負人の看板を負った商人は、交易の品目に水産物その他を増やし、アイヌが携える品を安く、おのれの持ち込む品を高く見積もる商法で荒稼ぎしていきます。さらに自ら船を駆ってアイヌを使役し、サケ・タラ・ニシンなどの捕獲に精を出して、儲けを拡大しました。それがアイヌの反乱を呼ぶ要因ともなるのですが、藩が武力で抑えてアイヌの勢力は次第に弱まり、逆に商人たちの交易活動の活発化が、本州からの蝦夷地志向を誘発し、北陸・若狭《わかさ》・近江の豪商連が、次々と松前を目指して船を送り出すようになりました。

江戸時代も中期になると、商人たちは豊富な蝦夷地の産物を買い求めて、以前は小型だった船が、千石積みの大型船を松前へ送り出します。西廻り航路の開発が、大坂から瀬戸内、山陰を回って松前まで商いに遠出するコースを生み、その船を蝦夷地や奥羽では弁財船《べんざいせん》（べざいせん、とも）と呼びましたが、西国では北前船と称しました。

「北マワリ」が訛《なま》って「北マエ」になったとの説が有力ですが、わたしは北方の松前を目指す船の名かと推測しています。仮に、マワリがマエになったとしても、それに「前」の字を当てたのは松前を意識してのことでしょう。

西国の人々にとっては、松前ははるか北海の宝島です。松前の名は、地域的には江差など渡島半島南部の松前地を指しますが、蝦夷地全域の産物がここに集まることから、蝦夷地そのものが「松前」と人々には受け止められました。

そして、そこには西国の町々村々が渇望《かつぼう》する、魚介の珍味、至極の昆布、金肥《きんぴ》と称され

松前屏風（提供：松前町郷土資料館）

る魚肥《ぎょひ》などが満ちあふれているのです。それを求めて万里の波濤《はとう》を乗り越えて、望むものすべてを満載して持ち帰る千石船は、まさに宝船でありました。それへの賛美を込めての「北前船」であったかと思うのです。

往時の繁栄を描く松前屏風《びょうぶ》

世に知られた二双の屏風があります。江戸時代中期の宝暦年間（一七五一～六三）の松前城下と江差港の往時の賑わいを描いた、地元の絵師・竜円斎《りゅうえんさい》（小玉）貞良《ていりょう》の作品です。

松前の秋を描いた「松前屏風」は、城を中心に藩士の屋敷や寺社の数々、土蔵、店舗が軒を並べる浜辺。港にはアイヌの船、荷揚げする伝馬船《てんません》、帆柱を立てる御座船《ござぶね》や大小の船影、釣り舟など活況にあふれています。

江差屏風（提供：旧相馬住宅）

もう一双の「江差屏風」も、ニシン漁に沸く港の春の情景を描いて、こちらは民衆の町の景気の躍動を痛いほど感じさせます。こうしたまばゆい景気は季節を限ってのことでしょうが、本州各地の船舶がいかに「松前」を黄金の渡り島と見ておびただしく集まって来たかが想起されます。

船が運んだ松前節と松前木遣

船を走らせる主役は船頭・水主たちです。彼らは、操船のほかに船の建造・船卸し・漁祝いなどの儀礼と、それに付随する唄の詠唱の役を担っていました。その唄は陸上の材木の運搬や建築儀礼に伴ってうたわれる、木遣・祝儀唄と共通の根を持っていました。

特に瀬戸内海の香川県沖合に点在する塩飽《しわく》諸島は、北前船の水主と大工職を多く出したところで、彼らがうたう木遣が、松前通いの船旅とともに「松前木遣」を生むことになったのではないかと推測します。そしてその木遣の源は、伊勢神宮の御遷宮の御用材を運ぶときにうたう「御木曳《おきひき》木遣」でした。

松前には、「追分」を三下がり調子の三味線でうたう「松前三下がり」があります。江差にある「江差三下がり」とはまた違った情趣のものです。

城下町のせいか、江差のように遊里で派手に騒いで、「浜小屋節」だの「新地節」だのと民謡の花を咲かせることは、この地にはありませんでした。

ただ、興味深いことに、「松前節」と名乗る唄や「松前音頭」という名の祝い唄が、北海道以外の神奈川県やら、新潟、愛知、島根、広島、宮崎など各県に点々と伝えられています。そして、そのどれもが、木遣の唄の流れを思わせるものであることが、松前通いの船乗りたちの唄声の残した影響の大きさを感じさせます。

「追分」の初源は陸路の馬方衆、そのバトンを受けたのが海路の船乗り衆でした。船乗り衆は、行く先々の港の悪所で、酔っ払って濁声《だみごえ》をあげるただの荒くれ男ではなかったのです。りっぱな吟遊歌人。そして、北の遠いはるかな「松前」の名を全土に広めた功労者であったのです。

北前船歌詞集――松前

松前三下がり

松前ハイーハイよいとこハイーハイ　お城をハイーハイめぐりハセッセッセッセ
松とハイーハイ桜のハイーハイ綾錦《あやにしき》
どうせ住むなら松前城下　ニシン大漁の　賑やかさ
白神《しらかみ》越えくりゃ　城下で招く　紅の振袖　ひらひらと
沖は寒かろ　着て行かしゃんせ　情けあつし（厚子）の　蝦夷衣《えぞごろも》

【ひとくち解説】

江差港に伝わる「江差三下がり」と同種で、しっとりとした情感が魅力の座敷唄だ。源流は、信州追分宿（長野県北佐久郡軽井沢町追分）の宴席で、三下がり（三味線の調弦で、本調子に比べて三の糸を二度低くしたもの）の三味線に乗せてうたった「追分節」で、北国街道を経て新潟の遊里のお座敷唄となり、瞽女《ごぜ》・座頭など遊芸人の手を経て江差・松前に伝播したと推定される。二首目の「白神」は渡島半島南端の岬。三首目三の句の「情け厚し」は四の句の「蝦夷衣」、すなわちアイヌの織物の厚子《あつし》に掛けた詞である。

松前周辺の伝統芸能・行事

松前神楽《かぐら》

松前藩の保護のもとに伝承された神楽。藩政時代には城内でも演じられ、神社祭礼にも演じられた。白鳥・永井・佐々木の三社家《しゃけ》が所管したが、維新後、佐々木家のみとなり、民間人も加わって各地に分流が生まれ、福島町のほか、道南・道北にも広がった。

二十八番を総演目とする。神楽始めの奏楽から、舞場を浄《きよ》める幣帛《へいはく》舞、魔を払って福を呼ぶ福田舞、雄・雌の鳥兜《とりかぶと》の舞人が豊穣を祝う二羽散《にわさご》米舞、湯立《ゆだて》などがあり、山神舞、翁舞・三番神・神遊びなどの舞が続く。

特色は獅子舞で、白扇と真剣を使う御稜威《みいつ》舞、獅子頭を持って舞う五方の手、悪魔払いの面足獅子《もたりしし》などがあり、最後は神送り、注連《しめ》切りで納める。

津軽・秋田地方の山伏《やまぶし》系神楽の要素に、松前独自の技法・構成を重ねた郷土色の濃い風格を持つ。京で能の舞をも吸収したと伝える。

十三《じゅうさん》――青森県五所川原市《ごしょがわらし》十三

かつての良港もいまは幻に

江戸時代、青森県西部を統治したのは、弘前《ひろさき》に城を構えた弘前藩十万石の大名津軽氏でした。その海の玄関口となったのが、青森湾内の青森（現・青森市）と津軽半島北西海岸の十三《じゅうさん》（現・五所川原市《ごしょがわら》十三）、西海岸の鰺ヶ沢《あじがさわ》（現・西津軽郡鰺ヶ沢町）、同じく西海岸の深浦（現・西津軽郡深浦町）の四つの港です。これを「四浦《しうら》」と称しました。

なかでも古くから栄えたのが十三湊《とさみなと》です。新しいのが青森港で、北前船往来の盛んな頃に繁盛したのが鰺ヶ沢港、深浦港は風待ちの港でした。ここでの「湊」は地名。ちなみに、「港」は船の停泊する港湾を指します。

北前船の航路から外れた青森港は置くとして、四浦のうち、十三から話を始めましょう。

ここ十三には、いまは港もありません。日本海の荒波が打ち寄せる長い砂浜、そのわずかに開く水路に海水が侵入して川水と混ざり合った汽水湖《きすいこ》が、そこに見られます。周囲三十一キロメートル、水深一～三メートルの十三湖です。

十三湖が十三潟《じゅうさんかた》とも呼ばれるのは、県西部の白神《しらかみ》山地を水源とする岩木川が、浅瀬石川など幾つもの支流を合わせながら日本海に流れ出る、その水勢に押し流された土砂が河口を埋め、冬の西風も重なって砂浜となり、堰《せ》き止められた川水が海からの塩水を交えて潟湖《せきこ》となったことへの命名です。ちなみに、十三の名は、河口に集まる大小の河川の数をいうとの説もあります。

輝きを失った十三湊の嘆き

「十三《とさ》の砂山／米ならよかろ／西の弁財衆《しゅ》にゃ／ただ積ましょ」――。

こんな歌詞が地元の盆踊り唄「十三の砂山」でうたわれています。十三を「トサ」と読むのは古称で、「ジュウサン」と読み換えたのは、津軽氏五代藩主信寿《のぶひさ》公が元禄十三（一七〇〇）年に土佐守に任ぜられたことへの遠慮からだとの話です。

歌意は「十三の湊を埋め尽くした砂山が米であったらどれほどよいか。もしも米であったなら、西国からやってくる弁財船の船頭衆に、代金なしでいくらでも積ませてやろうものを」とのことです。

弁財船は千石船で、北前船の北・東国での呼び名です。弁財船は、岩木川から小舟で十三を経由して鰺ヶ沢港まで運んで来た津軽の藩米を積み換えて、西廻りに大坂へ輸送する役を担いました。しかし、昔は十三湊に着岸して米を積んだはずで、それが砂山に塞がれてできなくなったことへの嘆きをうたったものかと思われます。

なお、「弁財船・弁財衆」の名は何から生まれたのか？　遡《さかのぼ》って似た名に「弁済使《べんざいし》」がありました。平安時代中期から国衙領《こくがりょう》や荘園《しょうえん》に置かれた役人の名で、貢納された米の検分や計算を職掌としたといいます。その公用米を扱う職能という点で「ベンザイ」の音が弁財船の名に受け継がれたか、とは柳田國男氏の指摘です。

わたしはまた、仮に弁済使が元だったとしても、「ベンザイ」を「弁財」の文字に当てたのは、水神であり福神である弁財天の御利益をもたらす船との意味を付加したものかと想像しました。船の守護霊である船霊様《ふなだまさま》を女神とする民俗の投影もあるかもしれません。

とまれ、関西では北前船と呼ばれる弁財船は、蝦夷・東北・北陸・瀬戸内・畿内の至るところ、物流の福を運んで喜ばれた商い船であったことは事実です。

北前船歌詞集――十三

十三の砂山

十三の砂山ナーヤーエ　米ならよかろナー　西の弁財衆にゃエー　ただ積ましょ
ただ積ましょ
弁財衆にゃナーヤーエー　弁財衆にゃ西のナー　西の弁財衆にゃ　ただ積ましょ
ただ積ましょ
十三を出るときゃナーエー　涙で出たがナー　尾崎かわせばエー先ァいそぐ　先ァ
いそぐ
かわせばナーヤーエー　かわせばにゃ尾崎ナー　尾崎かわせば　先ァいそぐ　先ァ
いそぐ

【ひとくち解説】

十三湖周辺の旧市浦《しうら》村（現在は五所川原市に編入）十三でうたわれてきた盆踊り唄。もとは繁華だった港が土砂に埋もれてさびれてしまった。その哀感が歌詞の「米ならよかろ」や情感にあふれたメロディーに滲《にじ》み出ている。ただ、唄の元は、山形県酒田港の「酒田節」で、歌詞の「酒田興屋《こや》の浜、米ならよかろが」が十三に変わっただけであるが、十三湖付近の荒涼とした情景が唄の雰囲気を哀愁濃いものにする。

一、二句を音頭取りがうたい、三、四の句を踊り子がうたう。次いで三の句の歌詞の冒頭を後にして音頭取りが繰り返しうたい、踊り子が三、四の句を繰り返すという形でうたい踊る。ゆったりとしたテンポで、しなやかな振りが付いている。

鰺ヶ沢《あじがさわ》——青森県西津軽郡鰺ヶ沢町

津軽藩御用港となった鰺ヶ沢

天正九（一五八一）年の『廻船式目』に、日本海沿岸を代表する「三津七湊《さんしんしちそう》」の一つに数えられた十三湊です。それが江戸時代には、七里長浜と呼ばれる直線に延びる砂浜を南に下った、中津軽の鰺ヶ沢港が繁栄を誇るようになったことには、十三の砂山化以外に、権力者間の興亡の歴史が絡んでいました。

十三湊の繁栄を生み出したのは、北奥州から蝦夷地にかけて権力を振るった古代豪族安倍氏の血を引く安東（藤）氏でした。十三世紀後半から河口に壮大な港湾都市を創成した安東氏は、蝦夷地から若狭に至る沿岸各地はもちろん、対岸のシベリアから朝鮮半島に至る大陸部とも交易を活発にしました。

しかし、嘉吉二（一四四二）年、北奥州東部の糠部《ぬかのぶ》地方を支配する南部氏との抗争に敗れて蝦夷地に転じ、湊の繁栄は沿岸交易のみに留まりました。

一方、勢力を拡大した南部氏は、三戸《さんのへ》家を宗主に一門を奥州一円に配置し、うち南部久慈氏一族の光信《みつのぶ》は弘前の大浦城、鰺ヶ沢の種里《たねさと》城に拠って大浦家を興《おこ》しました。そして、十六世紀末、同家の養嗣子となった久慈氏の為信《ためのぶ》が三戸南部氏に反逆して勝利し、のちに津軽藩祖となったことから、鰺ヶ沢が藩の発祥の地と崇められたと伝えています。ただし、為信の出自については南部・津軽両家で説が異なり、疑問を残しています。

鰺ヶ沢港は、江戸時代を通じて、津軽藩御用港として重用されました。藩都弘前に近く、町奉行所が置かれ、藩の蔵が九つもありました。春と夏に三回も岩木川から回送して蔵に収めた城米を、弁財船で全国最大の米相場の立つ大坂へ運んだといいます。

また、大坂・瀬戸内の港々からも、土地の産物をさまざま積んだ弁財船が港に出入りして、船乗りたちを迎える遊里も賑わい、何軒もの妓楼《ぎろう》が並んで毎夜弦歌《げんか》を絶やさなかったと伝えます。土地の盆踊り唄「鰺ヶ沢甚句」にも「飲めやうたえや／新地の茶屋は／夜にゃ姐《あね》コが／化けて出る」などの歌詞が見えます。

延宝三（一六七五）年の『鰺ヶ沢湊船着岸控』に、「商船七〇艘、御役船六〇艘」と記されています。船の出入りとともに、西から上方文化も伝播しました。唄に「西の八幡《はちまん》／港を守る／主《ぬし》の留守居は嬶《かか》守る」とうたわれた町内本町鎮座の白八幡宮《しらはちまんぐう》の大祭がその一つです。

白八幡宮は遠く大同二（八〇七）年創建と伝え、慶長六（一六〇一）年、津軽藩祖為信が再建して以来、代々の藩主の崇敬を受けましたが、四年に一度の八月十四日から三日間の大祭は、「津軽の京祭り」と謳われたものでした。

初日、二基の神輿《みこし》を中心とした神職・神具奉持役など古雅な装束をまとった神幸行列が、港近くの御旅所へ渡御《とぎょ》します。行列には各町内から曳《ひ》き出される、「楠公父子の別れ」「加藤清正」「川中島合戦」「神功皇后」「素戔嗚尊《すさのおのみこと》」「恵比寿」「羅生門」「八幡《はちまん》太郎義家」「神武天皇」「日本武尊《やまとたけるのみこと》」を象《かたど》った人形山車が供奉《ぐぶ》し、華麗さを競います。

二日目はそれぞれの山車が自由に各町内を練り歩き、太鼓・鉦鼓《しょうこ》・篠笛《しのぶえ》・三味線の祭り囃子《はやし》も華やかです。三日目には、御旅所に泊まった神輿が行列を調《ととの》え、船に乗って海上渡御を行います。

その勇壮にして華麗なこと。やがて上陸して人々の笑顔に迎えられ、本社に還御《かんぎょ》します。海と陸の清爽な共鳴交流、北前船がもたらす恩恵を物語る鯵ヶ沢の祭礼遺産です。

北前船歌詞集――鰺ヶ沢

鰺ヶ沢甚句

西の八幡　港を守る　主の留守居はノオー　嬶守る　ソーリャ嬶守る　留守居は
ノー嬶守る　ハアイヤサカサッサト（あるいはヤーハートセ　ヤーハートセ）
鰺ヶ沢育ちで　色こそ黒いが　味は大和《やまと》のノオー　吊るし柿　ソーリャ吊るし柿
大和のノー吊るし柿　ハアイヤサカサッサト

【ひとくち解説】

十三の盆踊り唄「十三の砂山」と同様に、七・七・七・五調の歌詞の、三、四の句を反復してうたうのが特色である。音頭取りと踊り子が掛け合うのも同様だ。青森県内には同類のメロディーを持つ唄が多く、津軽地方の「嘉瀬《かせ》の奴《やっこ》踊」「津軽甚句」、南部地方の「白銀《しろがね》ころばし」などがある。

北海道渡島半島西海岸で、数の子を網から叩き落とす作業にうたった、「子叩き音頭」が元唄の「イヤサカ音頭」も、津軽から伝来した同種の唄である。

鰺ヶ沢周辺の伝統芸能・行事

鰺ヶ沢白八幡宮大祭

弘前と浪岡（青森市浪岡地区）、そしてこの白と、津軽の三大八幡宮の一に数えられる古社の大祭。平安時代初期の大同二（八〇七）年、坂上田村麻呂《さかのうえのたむらまろ》が蝦夷征伐の勝利を祈って太刀・白旗を献納して創立した社と伝え、江戸時代初頭、津軽藩主が再興して鰺ヶ沢の総鎮守社とした。

大祭は四年に一度の八月十五日を中心にした三日間で、総勢四百人に及ぶ豪華な神輿行列が町を練る。各町内から十台ほどの山車が出、笛・太鼓・三味線などの祭囃子が盛り上げる。十四日に御旅所への渡御、十六日が本社への還御で、途中、港近くから海上渡御を行い、多くの漁船が大漁旗をなびかせて供奉するさまが壮観である。

深浦――青森県西津軽郡深浦町

日本海航路で貴重な風待ち港

青森の四浦の一つ深浦は、鰺ヶ沢からさらに南下して、秋田県境に接する漁業の町で、西津軽郡深浦町です。地名の通り入り江が深く、江戸時代、台風や波風の荒いとき、それを避けて順風を待つ風待ちの港として重宝されました。現在も、国から海難の際の避難港に指定されています。

町には、北前船の復元船や交易品を展示した「風待ち館」があり、古刹《こさつ》・円覚寺観音堂には、江戸時代、港に出入りした越中・加賀・越前などの船の船主・船頭衆が、海上平穏祈願に奉納した船絵馬が数多く収められています。また、こうした人々が滞留期間中にうたい騒ぐ遊郭がかつて栄えて、ここに播《ま》いた芸の種もさまざまあったようです。

深浦盆唄（十三日踊口説《じゅうさんにちおどりくどき》）

頃は正月　十六日よテ　ヨーイヤヤートセ　源治ぁ里へ年始に上がるテ　ヨーイヤ
セヤートセ
お梅源治を見送りなさるテ　お梅戻りに　富さを招くテ
いつか帰るか　帰りば知らぬテ　晩に来るなら　裏から入れテ
夜の九つ　八つ半ごろにテ　お梅お梅と　声やわらかにテ
夜の夜中に　声掛けるものテ　夜の夜中に声掛けるものテ
迷い者か　狸《たぬき》でないかテ　迷い者でも　狸でもないテ
昼間定めた　富さでござるテ　昼間定めた　富さでござる
（以下略）

【ひとくち解説】
盆の迎え日に当たる十三日に踊ったのでこの名がある。口説は、男女の心中事件や仇《あだ》討事件《うち》、人情話などの物語を、七・七詞型の繰り返しで長々とうたう叙事歌謡だ。音頭取りの「一つ口説いて／踊りを直し」などの文句からうたい始め、それを合図に踊り始めたという。同種の口説唄は、鰺ヶ沢町にも「鰺ヶ沢口説」があり、「サアサアこれから口説いてみましょ」のうたい出しで、「奥州津軽の鰺ヶ沢湊／新地開いたキツネの口説ヤートセ」などとうたうものがある。

民謡研究家の武田忠一郎氏によれば、越後の魚沼・頸城《くびき》・刈羽《かりわ》地方の盆踊り口説と系統を同じくするとも。それが北前船の船頭衆によって、深浦・鰺ヶ沢の遊里に運ばれ、盆踊り化したものであろう。

深浦周辺の伝統芸能・行事

岩崎の鹿島流《かしまなが》し

深浦町岩崎（旧岩崎村）の大間越《おおまごし》（五月下旬から六月上旬の土日）、松神《まつかみ》（七月三日）、黒崎（七月六日）の行事。各地区であらかじめ組み立てた弁財船を象《かたど》った長さ一・五メートルほどの船に、七体の鹿島神と名付けた人形を乗せる。

祭り当日、住民たちが船を担ぎ、幟《のぼり》を立て鏡餅を捧げる者や笛・太鼓の囃子方が従い、さらに、手に太刀《たち》と称する色紙を付けた棒を持って踊る、太刀振りの少年たちが気勢をあげて付き従う。この行列が地区のめでたいことのある家や、所望された家などを訪ね歩き、夕方、浜へ出て船を海に流す。地域を脅《おど》す悪霊や災厄を人形に託して流すのだという。太刀振りの太刀も同時に海に流す。

第2章　山形県〜富山県 編　〈酒田〜伏木富山港〉

酒田《さかた》——山形県酒田市

江戸時代には日本海の中核港

山形県北西部、日本海に面する酒田《さかた》市は、県内を貫流する全長二百二十九キロメートルの最上《もがみ》川の河口に位置しています。

優雅な商都です。活発な工業都市でもあります。昭和五十一（一九七六）年、市の中心部が大火に遭いましたが、みごとに復興。よみがえった街には、おしゃれなムードが漂います。陸路より海路のほうが物資の流通が盛んだった江戸時代、ここが日本海海運の中核の港町でした。その歴史の風格が、いまでもしっとりと土地に染み通っているようです。

江戸時代、最上川沿岸には、上流の置賜《おきたま》地方に米沢藩、次いで村山地方には上山《かみのやま》藩や天童藩、山形藩などの小藩に加えて幕府領がありました。下って最上地方には新庄藩、最上

日和山公園にある２分の１スケールの北前船（提供：酒田市役所）

川下流の庄内地方には庄内藩が割拠し、それぞれ風土に馴染《なじ》む産物の育成に努め、それらを川船で酒田港へ運びました。出羽《でわ》一国の物産のほとんどが、酒田から諸国へ輸出したことから「酒田一方口」といわれたものでした。現今《げんこん》も、酒田は山形県の海の玄関口です。

地名の酒田は海辺の「砂潟《さかた》」から出た名とされ、中世、船着場を開いて、川と海を結ぶ舟運の拠点となりました。戦国時代から江戸時代初期にかけて、北は陸奥《むつ》、南は越前方面とも交易船が往来し、街が次第に広がりました。

西廻り海運の起点として脚光

酒田港が日本海運史にその名を顕現するようになったのは、江戸時代、寛文十二（一六七二）年のことです。前年、江戸の材木商人河村瑞賢《かわむらずいけん》が徳川幕府の命を受け、陸奥の幕府領の城米を太平洋側から江戸に運ぶ海路を案出し、その踏破に成功しました。阿武隈《あぶくま》川河口の荒浜から平潟、那珂湊《なかみなと》、銚子、房総半島を経て、三崎半島、伊豆半島の下田を迂回《うかい》して江戸湾に入るもので、「東廻り海運」の創始です。

次いで寛文十二年、瑞賢は最上川流域の幕府領の城米を川船で酒田へ運び、それを廻船に移して日本海沿岸の港を西下。佐渡、能登、越前、但馬《たじま》、石見《いわみ》の港々に寄港しながら、長門《ながと》の下関を迂回して瀬戸内海を東進し、摂津の大坂へ城米を送りました。さらに大坂にとどまらずに紀伊半島から遠州灘を越え、伊豆半島の下田を経て江戸に回送する、「西廻り海運」の航路を編案したのです。

それまで、本州沿岸の港々では、用途に応じた航路が大小さまざまに開かれていましたが、それらをつなぎ合わせたのが東・西の廻船路です。

当面の目的は幕府の年貢米の輸送の効率化にありました。諸国諸藩もこれにならい、東廻りは秋田・津軽・南部など北方の諸藩が津軽海峡から三陸沿岸に沿って江戸に向かい、西廻りは天下一の米市場の立つ大坂を終結地とし、大坂と江戸とは「南海路」と呼んで菱《ひ》垣《がき》廻船・樽《たる》廻船の往来する航路となりました。

そうした経過から、西廻りの起点であった酒田港は、逆方向に向かう東廻りの起点とも目《もく》されるようになったのです。

ちなみに、酒田港から江戸まで、東廻りなら千六百六十八キロメートル、西廻りなら二千八百五十二キロメートルです。断然東廻りが短いのですが、日本海側に比べて太平洋は波が荒く、難破する率も高いので、酒田出航の船は西廻りを専《もっぱ》らにしました。かつ、江戸中期から頻繁になった北前船の北海道渡島《おしま》半島と西国との往来が、酒田に寄港しながらの西廻り航路を取りましたから、酒田はそのコースで上方《かみがた》方面との交流を深めていったのです。

日本一の大地主になった本間家

酒田のある庄内地方の庄内藩主は、元和八（一六二二）年、信州松代《まつしろ》から入部した酒井忠勝を藩祖とする名門譜代大名の酒井家代々です。鶴岡を居城とし、酒田には旧最上氏が築いた亀岡城に城代を置き、町奉行を配置しました。

そして町の行政は、町年寄三人を頭とする長人《おとな》三十六人衆による自治体制を敷きました。いわば酒田は、完全な商人町というわけです。あたかもそれは、豊臣政権崩壊後、徳川幕府直轄領となった摂津の大坂が、南・北・天満《てんま》の三郷にそれぞれ総年寄を置き、その三者を頂点とする町民による自治体制を組んだのと似ています。

庄内は最上川や赤川などの大小河川の下流に広がる沖積平野で、庄内米の産地で知られます。中心都市の酒田には、庄内藩の米倉はもちろん、最上川流域各藩の蔵米倉、幕府領の城米倉、商人が集めた商米倉が立ち並びました。これらの米は酒田港から積み出す一方、当地で現金化するため、米札による米市も立ちました。

この米の売買取引を一手に引き受けたのは、町の商人です。周知の通り、幕藩財政の基盤は実物経済で、税収の実物を金銭に換えるのは商人の働きでした。商人は預かった産物の売買と手数料で財を積み、得た金銭を逆に藩にも家臣にも貸し付け、その金利で財産を増しました。貨幣経済に首を絞められたのは、皮肉にも統治者であるはずの武家だったのです。

江戸時代前期の浮世草子作者として名高い井原西鶴《さいかく》の『日本永代蔵』（一六八八年刊）に、「坂田（＝酒田）の街に鐙屋《あぶみや》という大問屋住みけるが（中略）、北の国一番の米の買入れ、惣左衛門という名を知らざるはなし」とあります。

また、酒田に実在した有名な豪商に、「本間様には及びもないが／せめてなりたや殿様に」と歌にも詠まれた本間家がありました。十六万七千石の庄内藩主が「せめてなりたや」程度にあしらわれるのですから、たいしたものです。

本間家先祖の出身は越後ということですが、酒田では廻船業を営み、庄内の米や置賜・村山地方など、最上川流域で採れる紅花《べにばな》・青苧《あおそ》・藍《あい》などを西廻り海運を利用して京・大坂などで売り、帰り船で上方の酒・醤油・塩・香油・衣類などの精製品を出羽国内で販売しました。その多大な利益で土地買収に努め、明治二（一八六九）年には日本一の大地主と記録されたといいます。

江戸中期の明和四（一七六七）年、本間家の三代光丘《みつおか》が庄内藩の財政窮乏を救うため、御小姓格の身分で「御家中勝手向取計《ごかちゅうかってむきとりはからい》」の名のもと、藩中の借財整理に奔走。自家からも多額の資金や籾《もみ》二万俵などを献納して藩政の立て直しに貢献し、その功績で五百石三人扶持を与えられました。現在、本間家の別邸が「本間美術館」となり、同家所蔵の古美術品が展示されていますが、そのなかに庄内藩や米沢藩からの拝領品が数多くあるのは、同家の大名家に尽くした功績の大きさを物語るものです。

港を窓口に各地の唄が流入

酒田の繁栄を支える大きな力となったものに、最上川が運んだ流域の産物がありました。とりわけ珍重されたのは、置賜・村山地方に多く産する紅花でした。キク科の一年草で染料・油料植物ですが、京染め・京紅の原料として、特に江戸中・後期にもてはやされました。また、同地方で多く栽培された青苧は苧麻《ちょま》の茎皮から取り出した繊維で、奈良晒《さらし》や越後縮《えちごちぢみ》の原料として重用されたのです。

このほか、流域の村々から大豆・小豆・蠟《ろう》・真綿・胡麻・葉煙草《たばこ》などが酒田港へ送られ、商人・廻船問屋などの手を経て、諸国へ売り捌《さば》かれました。

そこへまた、蝦夷地松前《えぞちまつまえ》からの北前船の寄港が加わります。松前の産物と当地の集散物との売買があり、積荷を増しての西国への回航もあって、港の賑《にぎ》わいは盛り上がりました。花街《かがい》も地元の商人、諸国回航の船主・船頭衆の遊興で連日、唄、三味線の音が絶えず、諸国の音曲の交歓の場となっていきました。

幕末期、酒田の花柳《かりゅう》界で愛唱された「酒田甚句《じんく》」は、大坂地方で流行《はや》った「そうじゃおまへんか節」が元唄で、陽気な三味線調子は、熊本の「おてもやん」などにも通じています。同じく「酒田船方節《ふなかたぶし》」も、日本海沿岸島根県出雲地方の民謡「出雲節」が北前船頭衆によって酒田の遊里に持ち込まれたと見られます。

さらに「庄内はえや節」は、遠く九州天草《あまくさ》群島の牛深《うしぶか》が発祥とされる「ハイヤ節」が、日本海沿岸の港々を渡りながら当地方に寄留したもので、この地独特の民謡になりました。一方、蝦夷地から伝来した唄に「酒田追分《おいわけ》」があります。松前の「追分節」の古調を残したものと伝えますが、この唄の一部を昭和十一（一九三六）年に取り入れて生まれた名曲に「最上川舟唄」があります。

この曲は、日本放送協会仙台放送局の「最上川を下る」という企画番組の委嘱を受け、詩人の渡辺国俊が歌い手の後藤岩太郎と合作したもので、お囃子《はやし》に長崎県平戸島地方のクジラ漁の櫓《ろ》漕《こ》ぎ唄が元の「エンヤラヤ」が用いられているのも注目されます。

中流に位置する西村山郡大江町左沢《あてらざわ》百目木《どめき》にも「酒田甚句」が元の「茶屋唄」があり、酒田港を入り口とする諸国文化が山形県域へ流入する形跡の一端が見えるようです。

北前船歌詞集——酒田

酒田甚句

日和山《ひよりやま》　沖に飛島《とびしま》　朝日に白帆《しらほ》　月も浮かるる　最上川
船はドンドン　えらい景気　今町船場町興屋《いままちせんばちょうこや》の浜
毎晩お客は　ドンドンシャンシャン　シャン酒田は　よい港
繁盛じゃ　おまへんか　ハー　テヤテヤ
庄内の　酒田名物　何よと問えば　お米にお酒に　おばこ節
あらま本当《ほんと》　ステキ　港音頭で　大陽気《おおようき》
毎晩お客は　ドンドンシャンシャン　シャン酒田は　よい港
繁盛じゃ　おまへんか　ハー　テヤテヤ
海原《うなばら》や　仰ぐ鳥海《ちょうかい》　あの峰高し　間《あい》を流るる　最上川
船はドンドン　えらい景気　さすが酒田は大港
千石万石《せんごくまんごく》　横づけだんよ　ほんまに酒田はよい港
繁盛じゃ　おまへんか　ハー　テヤテヤ

【ひとくち解説】

酒田港で栄えた花柳界のお座敷唄。陽気で野趣を含んだ本調子甚句の弾んだリズムと節が楽しい。西廻り海運の重要港らしく、上方で流行った俗曲「そうじゃおまへんか節」の詞と節が、酒田と周辺の風土、産物の名とからめて、奔放な囃子詞《ことば》で盛り上げる。熊本名物の「おてもやん」などと曲調が同類である。

一首目の「日和山」は港近くの船の出入りが見える小山だ。港々に同名の山が多い。「飛島」は沖合約四十キロメートルの島。「今町船場町興屋浜」は花街のあったところで、三首目の「鳥海」は、酒田市の北方、秋田県との境にそびえる鳥海山のことである。

酒田船方節

お前来るなら　酒田へおいで　ハア　ヤッショ　マカショ
飽海田川《あくみたがわ》は　米の里　北と東は　山また山で　羽黒月山《はぐろがっさん》　鳥海山は　これぞ宝の
山ぞかし　ハア　ヤッショ　マカショ
いまに黄金の　トコホンマニ　花が咲く　ハア　ヤッショ　マカショ
雨風激しき　この節なれば

わたしの商売　船乗りで　辛《つら》い船乗り　やめましょか　とはいうものの　最上川
入りてあの妓《こ》の　顔見れば　どうして船乗り　一生末代《いっしょまつだい》　やめらりょか

【ひとくち解説】

各地にある「船方節」の一つである。元は山陰地方の境港などの遊里で流行っていた「出雲節」「さんこ節」で、北前船の船乗りたちが口から口へと伝え、それをしゃれた三味線に乗せて座を盛り上げた芸妓《げいぎ》・遊芸人の手で港に広められていき、その地特有の「船方節」が育った。酒田では、色艶よりも野性味が濃い唄になっている。

一首目の「飽海田川」は酒田南方の庄内平野の米どころの地名。「羽黒月山」は出羽三山の羽黒山と月山のこと。二首目では、船乗り稼業の辛さを口説《くどき》節風に嘆いているが、自虐しながらも、実は女の前で自慢の大見得《おおみえ》を切っているのが、いかにも船乗りらしい。

酒田周辺の伝統芸能・行事

黒森《くろもり》歌舞伎《かぶき》

酒田市黒森に伝わる郷土歌舞伎芝居。古くは地元日枝《ひえ》神社の正月十四、十五日の小正月の祭礼に演じられてきたが、現在は二月十五日と十七日に神社境内の常設舞台（保育園と兼用）で上演している。

江戸時代中期の享保年間（一七一六～三五）、地元の芝居好きの佐藤佐之助が江戸で習ったとも、旅役者から教わったなどとも伝える。地元に嘉永三（一八五〇）年正月以降の上演演目記録が残っていて、伝承の誠実さがしのばれる。

演者は元来家の長男に限ったが、いまは年齢を問わず黒森住民（戸数約三百六十戸）の希望者が参加する。保存会の座名を妻道連中《さいどうれんちゅう》といい、座員は役者・太夫・三味線・床《とこ》山《やま》・衣装・大小道具など、一切地元メンバーが分担する。

年々の上演演目は、二月終演後の翌月上旬に太夫振舞《たゆうぶるまい》を開いたときに抽選をして三演目を選び、さらに精進潔斎《しょうじんけっさい》をした若者が紙縒《かみよ》りでその中から一演目を引き当てる。一年がかりの準備だ。

本番の二月は厳寒の最中で、舞台は建物内ながら見物席は野天の吹き曝《さら》しで、世に「雪中芝居《せっちゅうしばい》」と呼ばれるように、吹雪を通して舞台を観ることが多い。

観客は区画された地面にワラ束とムシロを敷き、布団・炬燵《こたつ》まで持参で重箱を開き、酒を酌み交わしながら見物する。舞台の役者は、寒さや風雪を吹き飛ばすように声を張り上げ、大見得を切って熱演する。それに向かって見物衆は「いいぞ!」「日本一!」などと声を掛け、小銭の祝儀(はな)を惜しみなく投げる。そのやりとりを見るだけでも、来たかいがあるという旅人は多い。

演目は、儀式の「三番叟《さんばそう》」を皮切りに、前年決めた演目を上演する。筆者は『寿曽我の対面《ことぶきそがのたいめん》』を見て、立役・敵役・二枚目・若衆役・女形それぞれりっぱに演じているのに感服した。地方《じかた》もよく稽古を積んでいる。経験豊かな指導者が健在であった。上演可能な演目は十五以上もあり、『義経千本桜《よしつねせんぼんざくら》』『菅原伝授手習鑑《すがわらでんじゅてならいかがみ》』『一谷嫩軍記《いちのたにふたばぐんき》』など、大物の義太夫狂言も十分こなす。少年養成にも励んで、二月十五日は少年歌舞伎を本狂言の前に上演する。

ちなみに、令和二(二〇二〇)年二月十五日の少年歌舞伎の演目は、『青砥稿花紅彩画《あおとぞうしはなのにしきえ》』稲瀬川の場、お馴染み白浪五人男《しらなみごにんおとこ》。本公演は『義経千本桜』二段目の口《くち》「伏見稲荷鳥居前の場」だった。十七日の本公演は前日の「千本桜」の口に続く中《なか》の「摂州渡海《せっしゅうとかい》屋《や》の場」と切《きり》の「大物浦《だいもつうら》の場」である。実力のほどが知られる。

酒田まつり

酒田市で五月二十日から三日間催される市民祭。慶長十四（一六〇九）年以来、酒田総鎮守日枝神社（上社・下社）で営んできた山王祭《さんのうまつり》を、昭和五十一（一九七六）年に起きた酒田市街の大火を契機に、三年後の昭和五十四（一九七九）年、街の復興と新生を期して市を挙げての祝祭に拡大した。

元の祭には、町の自治に携わった大商人たち酒田三十六人衆が関与し、祭を差配する神宿《とや》（頭屋《とや》）が交替に預かって経費を負担するなどしたので、祭礼も豪華になった。

豪商・本間光丘が宝暦十二（一七六二）年、京の祇園《ぎおん》祭の山鉾《やまほこ》を範に京職人に作らせたといい、その作亀傘鉾《かめかさぼこ》の木彫りの亀の、背に鯛《たい》・宝珠・米俵・珊瑚《さんご》・鹿などを乗せた造形のみごとさが見る人をうならせたそうだ。

以来、さまざまな意匠を凝らした山鉾が町々で造られ、高さを競う立て山鉾が街を巡行するようになった。ただ、近代になって街に電線が架けられたため、二十メートルを超す高い立て山鉾は通れずに衰退した。

他に巨大な雄獅子・雌獅子を飾る山車《だし》が人目を集め、その獅子に噛んでもらうと無病息災になると人気を呼んでいる。

現在の祭は、五月十九日の宵祭に、日和山・中山・みなとオアシスの三会場で、酒田囃子などの芸能競演があり、翌二十日の本祭には、正午に古式による「式台の儀」がある。これは頭屋を先頭に上・下組の三役が馬に乗り、町奉行に挨拶する儀式の再現だという。

次いで呼び物の山車行列になり、大獅子・子獅子・立て傘鉾など、五十基に近い山車が市中を練り回る。長らく高さを制限されていた立て山鉾も、復活を願う青年会議所が平成二十（二〇〇八）年、高さ二十二・三六メートルもの立て山鉾を復活させ、喝采を浴びた。

北前船を造形化した日吉丸の山車もあり、新規の花魁道中《おいらんどうちゅう》も色彩《いろ》を添える。年々、意匠を加える酒田の文化創造の情熱は熾烈《しれつ》である。翌二十一日は裏祭で、子ども中心の「わんぱく相撲大会」が行われる。

新潟――新潟県新潟市

粘り強く勤勉な越後人気質

全国第五位の面積を誇る新潟県。二千メートル級の脊梁《せきりょう》山脈と前に連なる丘陵山地をバックに、新潟・柏崎・高田の三大平野が広がります。南北二百五十九キロメートルの長い海岸線が白波を刻み、海上には北に小さな粟島、中央に佐渡の雄大な島山を浮かび上がらせる日本海の情景があります。

米の収穫量は日本一、その質の良さを謳われてきましたが、近年は果樹・園芸・球根栽培などに励んで、チューリップ栽培など日本一の評価を得ています。

「自然環境に恵まれたからか？」と思われがちですが、冬は大陸からの北西季節風が山脈にぶつかって豪雪を降らせ、夏季には脊梁山脈から吹き下ろすフェーン風が作物に被害を与えます。また、新潟平野の信濃川・阿賀野川という大河の下流域は潟湖《せきこ》（干潟）が並ぶ低湿原で、氾濫に悩まされ、それを懸命に干拓、美田化したのは歴代農民の知恵と労力の賜物《たまもの》でした。

我慢強く、粘り強く、勤勉。それが、この雪国新潟に住む越後人の気骨です。

海陸交通の一大センター

新潟港は、長野・新潟両県にまたがる三百六十七キロメートルのわが国第一の長流、信濃川河口に開かれた港で、古く平安時代、蒲原津《かんばらのつ》と呼ばれました。近くには会津山地を源流とする阿賀野川（二百十キロメートル）の河口があり、新潟港はその水運をも賄《まかな》う役割も果たしました。

江戸時代、左岸が長岡藩の新潟港、右岸が新発田《しばた》藩の沼垂《ぬったり》港と分かれて利権争いをし、また氾濫で砂が堆積し、船の通行が困難になるときもありました。

が、川船が信濃川では長岡・六日町まで遡上でき、阿賀野川では会津若松まで物資輸送が可能とあって、広大なエリアのなかにある幕府直轄領の米に加え、諸藩の蔵米や商人米を集めての仲買や輸送、諸国産物の輸出入と販売に新潟港は力を発揮しました。

陸上においては、内陸部の北陸道・三国《みくに》街道・北国《ほっこく》街道・中山道《なかせんどう》・甲州街道などが連結して港に通じ、新潟の街は陸海東西南北の物資と文化が多彩に交流する一大センターに発展していったのです。

「追分節」の重要な中継地

江戸中期から明治にかけての北前船活躍の時代、印象的な出来事は、信州の街道筋の民謡が新潟港を介して、北前船で遠く蝦夷地の江差《えさし》港へ運ばれたことでした。

「碓氷峠《うすいとうげ》の権現《ごんげん》様は　わしがためには守り神」などという馬子唄《まごうた》が、浅間山麓の中山道と北国街道が分かれる追分宿（現・長野県北佐久郡軽井沢町追分）で流行るうち、それが新潟まで伝わり、港の遊里で「越後追分」となり、北前船に乗り込んだ舟子たちが酒田・本荘（現・秋田県由利本荘市）など寄港地に唄の種を播《ま》き、やがて渡島半島の江差港に伝播したのです。

江差港では春先ニシン漁が盛んで、越後・能登などの漁民が大挙出稼ぎに来ました。さらに、同じ越後の祝い唄「松坂」が越後の旅芸人によってうたわれ、それらが交じりながら日本一の民謡「江差追分節」の元唄が生まれたというのです。

「ハイヤ節」が「おけさ節」に変身

どこの港にもある遊里ですが、新潟の古町《ふるまち》（現・新潟市中央区古町）花街は、諸国歌舞音曲の交流・再生のサロンとしての特徴が際立ちました。信州の馬子唄を育てて北の海へ送り出したこの里へ、南の海から「ハイヤ節」という軽快なリズムの民謡が北前船とともにもたらされ、「新潟おけさ」と呼ぶ情緒豊かなお座敷唄に成熟しました。

「ハイヤ節」が「おけさ節」と名を変えたのは、北前船が越後沿岸の港々に上陸してからのことで、柏崎・出雲崎・寺泊・新潟、そして佐渡では小木《おぎ》港と、すべて中身は「ハイヤ節」ながら、「おけさ」と名乗りました。

なぜ「おけさ」に変わったのか――。それは後の内陸部に「おけさ」を名乗る唄があったからです。現に、信濃川を遡《さかのぼ》る長岡市に「浜おけさ」、さらに山間部に入った塩沢町地方にも「はねおけさ」といった唄があり、「おけさ踊るとて葦《よし》で目を突いた／葦は生葦目の毒だ」の歌詞などがありました。節回しも似ていて、こうした山の唄が川を下って沿岸地方で合体し、「ハイヤ」を「おけさ」に変えたかと思えるのです。

唄発展の陰に越後瞽女《ごぜ》の功績

新潟港や沿岸の港には、他にもさまざまな唄が集まり、再構成されて送り出されました。「松坂」という元は伊勢参宮にちなむ祝い唄が、「新潟出てから……」の「新潟節」となり、訛《なま》って「荷方節《にかた》」と呼ばれて各地へ伝播し、海を越えて来た「出雲節」が「新潟船方節」となり、「甚句」「口説」など、いずれ諸国で「○○甚句」「○○口説」「広大寺《こうだいじ》」「殿さ節」などとして名を広める元唄を定着させました。

うたい楽しむのは遊客ですが、唄を育てたのは芸妓であり、さらに座敷に呼ばれた女芸人の瞽女《ごぜ》さまでした。長岡・高田を本拠とし、盲目ながら三味線一挺《ちょう》を抱えて諸国をうたい歩く彼女たちが、懸命に工夫して聴かせる唄にした努力が「北前船歌謡ロード」の支えになったのです。

新潟甚句

ハアー碇《いかり》下ろせば　早や気が勇む　ハ　アリャサーアリャサ　花の新潟に　エーヨ
樽の音　ハ　アリャサーアリャサ
押せや押せ押せ　下関までも　押せば新潟が　近くなる
新潟砂山　米ならよかろ　可愛い船頭衆に　積ませたい

【ひとくち解説】
川の多い新潟の街の橋の上で、おおぜいの町民が下駄を鳴らしながら踊るのが特色。樽を叩いてうたう音頭取りの名調子が踊りを弾ませる。盆踊り唄であり、市内古町の花街でも座敷芸として人気があった。

新潟おけさ

仇《あだ》し　ハ　ヨイヨイ仇し仇波　寄せては返すヨー　ハ　ヨイヨイ寄せて返して

ヤーレまた寄せる　ハ　アリャヨイ　ヨイヨイ
雪の新潟　吹雪に暮れて　佐渡は寝たかよ　灯が見えぬ
新潟恋しや　五月雨《さみだれ》どきや　柳小路を　蛇の目傘

【ひとくち解説】

九州西海岸地方の天草島や平戸島の港で流行った「ハイヤ節」が、越後へ伝来して「おけさエー」とうたい出される「おけさ節」となり、佐渡や各地でそれぞれの「おけさ節」を生んだが、新潟では芸どころとして著名な花街古町で、情緒たっぷりな洗練された座敷唄となった。

新潟周辺の伝統芸能・行事

新潟まつり
八月七〜九日の大イベント。海の守護神住吉神社の港祭に、川開き、開港記念祭、商工祭を一つにまとめ、昭和三十（一九五五）年から全市を挙げての祭となった。

夜間、街路・橋などを二万人を超える踊り子が、「新潟甚句」「新潟おけさ」などの唄に乗って踊り歩く、大民謡流しが圧巻で人気を集める。日中には各町内の神輿《みこし》・山車・住吉行列・万代太鼓・音楽隊などの大パレードがあり、最終日には、神輿を奉じた御座船が、大漁旗をなびかせた多くの船団を従えて水上を渡御《とぎょ》する。

相川《あいかわ》——新潟県佐渡市相川

佐渡は居よいか住みよいか

これが島かと疑うほどの雄大な景色が眼前に広がります。その名も国中《くになか》平野、平野の真ん中に立つと、北方にドンデン・金北《きんぽく》・妙見《みょうけん》などの連峰が、南方には国見・大地・笠取などの峰々がきれいな稜線を描いて、さながら山国の盆地にいる感を覚えます。しかし、現実は周りが海。北の山々を佐渡山地、南を小佐渡山地と呼び、国中平野が両者を結ぶH字形の島。それが総面積八百五十四・七六平方キロメートルの佐渡島です。新潟本土から海上三十五キロメートル。日本海最大の島山です。

お米がうまい。だから醸《かも》す酒のおいしいこと。県下三大漁場で獲れる魚は美味多彩。島民の多くがそう語ります。冬の北西風の厳しささえ我慢すれば、こんな住みよい土地はない、と。

民謡「佐渡おけさ」がうたいます。「佐渡へ佐渡へと草木もなびく　佐渡は居よいか住みよいか」「黄金白金《こがねしろがね》花咲く佐渡は　居よい住みよい　暮らしよい」

北方の辺要《へんよう》の島、遠流《おんる》の地

古代、佐渡は、ヤマト政権下にあって、佐渡の国として国府が置かれ、国分寺が建てられました。が、都からははるかに遠く、宮人からは「辺要《へんよう》」の地と呼ばれました。国土の果ての、異界に接する要害の地の意です。中央政権が言及したそのヤマトの辺要、すなわち国境は、東は陸奥、西は五島列島小値賀島《おぢか》、南は土佐、北は佐渡島であったのです。

十世紀に編纂され、朝廷の年中行事や諸制度を記述した『延喜式《えんぎしき》』によると、平安時代、宮廷では大晦日の夜、国に祟《たた》る異界の疫鬼を辺要の外に追いやる儺《だ》（鬼やらい）の祭を催す慣例があり、そのとき、詠み上げる祭詞に佐渡の名が見えます。

また、いまも農村で初春に住民が行う、田畑の作物を食い荒らす害鳥類を追い払う鳥追い祭りで、「鳥の頭八つに割って／俵に詰め込んで／佐渡島へ／やっほい／やアほい」とうたうのはその遺風です。

奈良時代の神亀元《じんき》（七二四）年、遠流《おんる》の地六カ国が定められましたが、そのなかに佐渡国がありました。他は、伊豆・安房《あわ》・常陸《ひたち》・隠岐《おき》・土佐です。遠流は律令制の定めた流刑の三段階「近流《こんる》・中流《ちゅうる》・遠流」のうちで一番重い刑とされ、文字どおり都からもっとも遠い辺地へ流されることでした。ちなみに、近流の地は越前・安芸《あき》など、中流は信濃・伊予などです。

鎌倉から室町初期にかけ、佐渡へは順徳天皇、僧・行空、僧・日蓮、京極為兼《ためかね》、観世元清《かんぜもときよ》（世阿弥《ぜあみ》）などが流されました。住民とふれ合うことは滅多になくても、これら流離の稀人《まれびと》が島に残した日々の行いは、佐渡住民の文化精度を高めるのに貢献したと想像します。

金山発見で一躍都会に変貌

下って室町時代後期の天文十一（一五四二）年、越後商人茂右衛門が海上から鶴子《つるし》銀山（現・佐和田町、旧沢根地区）を発見して露頭採掘したのが、佐渡新産業時代の幕開けとなりました。

文禄四（一五九五）年には、石見《いわみ》銀山から山師を招いて従来の露出掘りに代わる坑道掘りの技術を教わり、その方法での採掘から慶長六（一六〇一）年、大佐渡西部の相川《あいかわ》で金・銀山を発見しました。

関ヶ原の戦いに勝利した徳川家康は同年、佐渡を徳川氏の直轄領とし、敦賀《つるが》の豪商田中清六を代官としました。清六は、広く山師に入札させて間歩《まぶ》（鉱山の堀り口）ごとに坑道を掘って能率を上げ、のちに運上金《うんじょうきん》を稼がせて幕府に巨富をもたらす基盤を築きました。家康が幕府を開いた慶長八（一六〇三）年、家康の命で大久保長安が佐渡奉行となり、相川に陣屋を造営しました。

これを機に相川は、一寒村から、諸国の山師・商人・職人・鉱夫・船乗り・遊女・遊芸人などが蝟集《いしゅう》してごった返す鉱山都会に変貌しました。寛永二（一六二五）年には人口が何と二十一万人にまで達し、その口を満たす米五万石を津軽・出羽・越後・越中・能登から運び込むほどでした。他に食料・塩・油・衣料・薪炭の類、建材などを運ぶ諸国の船がひきもきらず来航し、相川のみならず、小木・赤泊《あかどまり》・夷《えびす》（両津）などの港も賑わいました。

北前船歌詞集――相川

佐渡おけさ

ハアー佐渡へ　ハ　アリャサ　佐渡へと　草木もなびくヨー　ハ　アリャアリャ
アリャサ　佐渡は居よいか住みよいか　ハ　アリャサ　サッサ
来いと言《ゆ》たとて　行《ゆ》かりょか佐渡へ　佐渡は四十九里《しじゅうくり》　波の上
波の上でも　来る気があれば　舟にゃ艪《ろ》もある　櫂《かい》もある
おけさ踊らば　板の間で踊れ　板の響きで　三味ゃいらぬ

【ひとくち解説】

佐渡を代表する民謡。情感豊かな抑揚を利かせたメロディーが心に染みる。元は金山で名高い相川町の盆踊り唄だった。その後、明治三十（一八九七）年に始めた鉱山祭で鉱山踊りの唄としていたものを、大正十三（一九二四）年、「相川音頭」保存のために結成した立浪会《たつなみかい》が、「相川おけさ」の名で広めた。さらに翌々年、同会の名手村田文三たちが現・NHKの東京放送局で唄をラジオ放送し、次いでコロムビアレコードに吹き込むときに「佐渡おけさ」と命名したという。

相川音頭〜源平軍談　五段口　義経の弓流し〜

ハイハーイハイ　どっと笑うて立つ浪風の　ハイハーイハイ　荒き折節義経公は
ハイハーイハイ　しかも引き潮矢よりも早く　ハイハーイハイ
浪に揺られて　遥かに遠く　弓を敵に渡さじものと　駒を波間に　打ち入れ給い
泳ぎ泳がせ　敵船近く
流れ寄る弓　取らんとすれば　敵は見るより　船漕ぎ寄せて　熊手取り伸べ　打ち
かくるにぞ　すでに危うく　見え給いしが　すぐに熊手を切り払いつつ　ついに弓
をば御手に取りて　元の渚に上がらせ給う　元の渚に上がらせ給う（以下略）

【ひとくち解説】

相川町の盆踊り唄。民謡団体立浪会が保存振興に努めて名を広めた。世事・故事などの物語を七・七調の唄にして詠む口説節の一つで、一般には情話が多いが、江戸時代、金山奉行の前で披露したので、御前踊《ごぜんおどり》と呼ばれ、武家好みの口説がうたい踊った。

この「弓流し」も『平家物語』巻十一の源平合戦義経弓流しの場面を唄にしたもので、作詞者は奉行所の山田良範と伝える。踊り手が編笠《あみがさ》を被るのは御前をはばかってのものという。現行の唄の歯切れの良さ、踊りのきびきびした手の振り、足さばきは秀逸である。

相川周辺の伝統芸能・行事

相川鉱山祭

金銀鉱山で栄えた町の歴史を記念する祭。初代佐渡奉行、大久保長安が建立した大山《おおやま》祇《ずみ》神社の祭が明治三十（一八九七）年、鉱山が民間会社に移管されたのを機に鉱山祭として七月十五日に盛大に行われるようになった。

現在は七月二十五日から三日間で、初日、明治期の鉱山復興に功績のあった大島高任《たかとう》鉱山長を祀る高任神社で、硬い岩盤を軟らかくする意味のヤワラギ神事を行い、樽神輿・各町内の山車のお練りなどが次々繰り出され、花火も打ち上げられる。毎晩、町々を巡る「おけさ流し」が呼び物で、緩やかな「正調おけさ」、早間の「ぞめきおけさ」、軽快な「選鉱場おけさ」の三種の「おけさ」が楽しめる。

能・狂言

猿楽《さるがく》能の大成者世阿弥が、室町時代の永享六（一四三四）年に佐渡へ流された史実は著名だが、それとは関わりなく、佐渡は江戸時代から能が島内の村々に普及し、明治維新前まで二百三十余もの能舞台があったとされる。

徳川幕府成立の慶長八（一六〇三）年に、相川へ金山奉行として来島した大久保長安は、元甲斐武田家の猿楽師の出で、猿楽能に通じ、佐渡へも能楽師を帯同したと伝える。相川鉱山の鎮守春日神社を建立したときに、長安自身も舞を奉納したかと想像するが、それが契機となったのか、寛永十二（一六三五）年の春日祭礼に演能の記録がある。

慶安年間（一六四八〜五二）に島内一の大豪族本間家の、加賀で宝生《ほうしょう》流を学んだ本間秀信が、佐渡奉行から能太夫を拝命して子弟を養成して以来、島内村落の祭には、神楽《かぐら》ではなく、佐渡に根付いた佐渡宝生流の能を村民が奉納上演する風習が生まれた。佐渡では、シテ方・ワキ方・囃子方《はやしがた》（笛・小鼓・大鼓・太鼓）をすべて住民が務める。

現在も、専用能舞台が佐渡市吾潟《あがた》の本間家能舞台ほか三十六棟あり、演能も「能月間」と呼ぶ六月のみならず、四月から十月までをシーズンとして、島内各所で催されている。

狂言は、中央で大蔵・和泉と並ぶ流儀であった鷺流《さぎ》が明治二十八（一八九五）年に廃絶したが、その門流が佐渡に残った。すなわち、江戸時代後期、鷺流を学んだ人に新穂潟《にいぼかた》上《がみ》の葉梨源内《はなしげんない》がおり、のち真野町の鶴間兵蔵らが普及に努めた。その後、一度は消滅したかに見えたが、伝承者が昭和五十（一九七五）年に現れ、再興に励み、六年後に佐渡鷺流狂言研究会が発足。後継者を養成して現在、佐渡市竹田の大膳神社例祭などで上演している。

人形芝居

佐渡には説経《せっきょう》人形・野呂間《のろま》人形・文弥《ぶんや》人形の三種の人形芝居がある。いずれも他地域にはなく、人形劇史上、貴重な芸能である。

江戸時代中期の享保年間（一七一六〜三五）、新穂村の須田五郎左衛門が京の落ちぶれ公卿から人形浄瑠璃を学んだとの伝えがあるが、佐渡の説経浄瑠璃は、坂田金時《さかたのきんとき》の子金《きん》平《ぴら》の豪勇を語る台本が多く、他に『山椒大夫《さんしょうだゆう》』『孕常盤《はらみときわ》』などを演じる。

神社の境内に仮設した舞台に一・二メートルの腰幕を掛け、遣《つか》い手は一人で着物の裾から左手を入れて胴串を握り、右手は袖を通して人形を操る。また太夫は幕の陰で三味線の弾き語りをする。

一日の番組は五幕で、初めに口上と「三番叟」を演じる。三幕がすむと間《あい》狂言として野呂間人形が出る。どれも一人遣いで、青黒い顔の下《しも》の長《ちょう》が出て名乗りをあげ、次いでお花や仏師《ぶっし》や木之助《きのすけ》が随時に登場し、方言で面白おかしく問答する。最後に木之助が裸にされて放尿する。「生き地蔵」「五輪仏」「木之助座禅」などの演目があるが、アドリブが多く、それが哄笑・爆笑を誘って島民の人気を集めた。

「文弥人形」は、延宝《えんぽう》年間(一六七三〜八〇)頃に大坂で流行した浄瑠璃で、哀調の濃い語りで「泣き節」と呼ばれ、それが佐渡に渡って芸人によって語られた。

明治元(一八六八)年、名人・伊藤常盤一《ときわいち》と人形遣い名人の大崎屋松之助が組んで文弥人形芝居を始めた。野呂間人形を間狂言に、近松門左衛門の『出世景清《しゅっせかげきよ》』『国姓爺合戦《こくせんやかっせん》』『平家女護島《へいけにょごのしま》』などを演じ、有名作品の『義経千本桜』『一谷嫩軍記』なども上演した。人形の遣い方も、背中突っ込み式に改め、首《かしら》を前後に動かす操法を生んで、説経より人気を高めた。

舞台も腰幕の後方に組み立て式の御殿を設けて二重舞台とし、大正元（一九一二）年頃まで栄えたが、新興の浪曲や映画の進出によって衰微した。
昭和四十八（一九七三）年以後、復活運動が起こり、昭和五十二（一九七七）年に佐渡人形保存会が発足し、三人形芝居ともども再生の道を歩んでいる。

つぶろさし

佐渡市羽茂《はもち》の寺田・村山集落に伝わる民俗芸能。ツブロは瓢《ひさご》、サシは摩《さす》りから出た語らしい。男根に似せた瓢状の長大な棒を股間から突き出して、摩り、振り回しながら踊る男面役と、竹製のササラを手にする女面役とが性交を思わせるユーモラスな振りで観衆を笑わせる。寺田ではもう一人、銭太鼓を手にする女面役がからむ。また、途中、獅子舞が出て神主を起こす舞がある。村山では、最初に青鬼と赤鬼が出て邪気を棒で払う仕草を舞う。子を産むさまを田に見せつけて、稲の穂孕《ほばら》みを誘う呪術の芸能表現である。

鬼太鼓《おにだいこ》

方言でオンデコなどとも呼ばれ、島内百二十カ所を越える集落で、春秋の祭りなどに演じられる。原型は鬼面の舞人が太鼓に合わせて、片足でケンケンするように舞う相川町発祥の「一足流」であるというが、現在、代表的な鬼太鼓は新穂町潟上《にいぼちょうかたがみ》の「潟上流」で、遠寄せの太鼓で鬼二人が出て舞い、左右から二人立ちの獅子舞が出、鬼と獅子が格闘し、鬼が飛び掛かる獅子を払い除けながら、太鼓を勇壮に打つのが人気である。

打法には遠寄せ・道引・打切り・早バチ・戻りバチなどがあり、多彩である。他に太鼓と笛で鬼二人が舞う「前浜流」、素面《すめん》に素襖《すおう》・烏帽子《えぼし》姿の舞人が太鼓に合わせて豆を撒く、「豆まき流」などがあるそうだ。

小木《おぎ》――新潟県佐渡市小木町

金・銀の渡海港として栄えた

佐渡の南西端の小木港は相川に近く、江戸前期の慶長十九（一六一四）年、本土にある対岸出雲崎への金・銀の渡海港に指定されました。出雲崎からは北国街道（または三国街道）・中山道を経て江戸に運びます。

小木港は、寒さをさほど感じない暖地性の気候で、竹林もあり、山を背負う入江は風穏やかで水深も深く、天然の良港です。河村瑞賢が定めた西廻り航路では、ここを風除けの寄港地と指定し、北前船も頻繁に立ち寄るようになりました。

小木からも、越後・酒田・松前・江差へ。また、対岸の直江津・寺泊・出雲崎などから、北陸・山陰を経て瀬戸内・兵庫方面への上り船も盛んに行き来しました。

明治維新後は、島北東部の両津港が佐渡の表玄関となり、小木の街は衰微しましたが、昔の繁栄をしのばせる集落に宿根木《しゅくねぎ》があり、入江の奥の狭い土地に百六棟の家がびっしり軒を連ねています。国指定重要伝統的建造物群保存地域に指定されており、二階建てで板張りの外壁、薄く割った板を何枚も重ねて上に石を置く屋根が印象的です。外見は質素でも、内部は漆塗りの大黒柱、精緻な彫刻の仏壇、りっぱな船簞笥《だんす》などが往時の財力を彷彿《ほうふつ》させます。清九郎家（公開）・金子家（公開）などがあり、世界地図を製作した蘭医学者柴田収蔵の生家も残されています。

波路をたどった民謡の航跡

佐渡といえば「佐渡おけさ」を思い浮かべるほどこの民謡は有名ですが、佐渡にこの元唄が最初に入って来たのは小木の港であったとされています。元の種は九州の天草群島の牛深や平戸島田助《たすけ》などの港の遊里で流行った、「ハイヤエー」のうたい出しで始まる「ハイヤ節」で、それが船から船へ、そして北前船の船子たちによって越後の港へ運ばれ、出雲崎・寺泊・柏崎などへも伝播しました。

千石船と船大工の里・宿根木の町並み　（提供：アマナイメージズ／共同通信イメージズ）

小木でも当初は「ハンヤエー」とうたわれ、やがて座敷唄から盆踊り唄にも用いられるようになり、越後でうたわれた「おけさ」の唄と習合して、「おけさエー」とうたい換えられたと見られます。奇《く》しくも、小木に近い赤泊港の山の手の山田集落には、元の名の「ハンヤ節」がメロディーとともに残されています。

小木の「おけさ節」は相川へ伝播し、選鉱場の作業唄にも盆踊唄にもなり、選鉱場で働いていた唄名人の村田文三が、昭和元（一九二六）年四月、東京放送局（現・ＮＨＫ）から唄を放送し、その二度目に「佐渡おけさ」の名で放送して全国に知られるようになりました。

「おけさ節」に限らず、諸国の船の立ち寄る佐渡の港には、寄せる波とともに伝播した唄が多数あります。「佐渡船方節」もその一つ。島根県の「出雲節」が佐渡のほか、新潟港、出羽の酒田港、秋田船川港にも伝わって、同じ「船方節」の名でそれぞれの地で愛唱されています。船と船方が遺した芸能普及の航跡《こうせき》の功績を称賛したいと思います。

北前船歌詞集――小木

小木おけさ

ハアー小木の　アリャサ　岬の　四所御所桜《ししょごしょざくら》よ　アリャアリャアリャアリャサ
枝は越後へ　実は佐渡へ　アリャサ　サッサ
小木の裏町　撞木《しゅもく》の町だ　鐘がなくては　叩かれぬ
小木の女郎衆《じょろしゅ》は　茶碗の湯漬け　色が白うても　水臭い
小木は月夜の　踊りが弾む　おけさぞめきの　夜もすがら

【ひとくち解説】

佐渡の南端小木港の花街で育った座敷唄。前記「佐渡おけさ」と同じ「越後甚句」が元になった民謡でもある。源流は熊本県天草島牛深港などでうたわれた「ハイヤ節」で、船乗り衆の航海とともに越後沿岸の出雲崎・寺泊などに伝播し、佐渡へも「はいや」「はんや」の名で唄を伝えた。

その後、越後の内陸部で「おけさ」の名の歌詞と合体して「おけさ節」の名で広まったが、竹内勉氏の研究によれば、小木では港の衰退後、「ハイヤ節」系の旧節に代わる「越後甚句」系の節が花街で流行し、それに大阪の歌舞伎役者浅尾森之介が「十六足踊」の振りを付け、その座敷踊が町の盆踊り唄になった。それが「小木おけさ」と呼ばれるようになり、のちに相川町に誕生した立浪会が、「小木おけさ」の十六足踊を「佐渡おけさ」の踊りに採り入れて現在に至ったという。

小木周辺の伝統芸能・行事

小木港祭り

元は小木町総鎮守木崎神社の祭礼で、八月二十八日から三日間、往時の「出船千艘、入船千艘」と謳われた小木港の賑わいをしのんで街を挙げて催される。二十九、三十日の華麗な神輿行列を中心に、小獅子舞（三頭獅子舞）・鬼太鼓・おけさ踊りなどの芸能が祭りを彩る。

伏木《ふしき》富山港——富山県富山市・射水《いみず》市・高岡市

東西の文化が交わる富山湾

本州のほぼ中央に位置する富山県は、関東と関西二文化がぶつかり交差する境域です。また、前に広がる富山湾は、白雪の立山連峰を背に、暖流と冷水が交流して五百種類にのぼる魚類が遊泳する宝漁《ほうりょう》の海と称えられました。

そして、いま一つ、山々から湾に清流を注ぐ幾つもの川の河口には、日本列島の港々をつないで多彩な物資と文化を各地に分かつ北前船の出入りする港がありました。

その数ある港を「河北七浦《かほくななうら》」と呼びましたが、なかでも賑わったのは、神通川《じんづうがわ》河口の東岩瀬（現・富山市）、庄川《しょうがわ》河口の放生津《ほうじょうづ》（現・射水《いみず》市）、小矢部川《おやべがわ》河口の伏木《ふしき》（現・高岡市）でした。この三港は現在、「伏木富山港」と総称されて国内有数の国際拠点港湾に再生しましたが、街を歩くと、かつて北前船の船主・廻船業者として財をなした豪商の家宅や蔵が見られます。

北前船を介した北海との縁

伏木には、廻船問屋秋元家の旧宅が「北前船資料館」として航海時代の遺品を展示し、東岩瀬の大町通りでは、諸国の名材を集め京の名匠を招いて建てたという、森家屋敷（国重要文化財指定）の建築美が見学者を瞠目《どうもく》させます。かつて町には、馬場家・米田家などの廻船業者もいて、幕末から明治初中期にかけ、地元の米や酒・織物などを北前船で北海道へ運んで販売し、帰りには昆布・四十物《あいもの》（塩魚類）・魚粕《うおかす》などを積み、地元や西日本の港々にこれを卸して巨利を得ました。

ただ、北海道では近江商人が早くから進出して、松前藩から場所請負人の権利を得て多くの漁場を押さえていたため、道東の根室や知床《しれとこ》・釧路、道北の利尻など遠隔地を開拓することになりました。とはいえ、そこもまた昆布や魚類の宝庫でもあったので、荒波を物ともせず果敢に進出したのです。さらに、道東に移住する者も数多く出て、北海道と富山の縁が深まりました。

昆布と薬種が交差する海の道

現在、富山が全国一の昆布消費地といわれるのも、それら越中北前船衆の果敢な北海道進出の成果と見られます。昆布のだし汁をはじめ、昆布巻かまぼこ、魚の昆布巻、刺身の昆布〆、昆布おにぎり、飾り昆布等々から昆布クッキー・昆布パンなどまで、富山の人々にとって日常にも祝い事にも欠かせぬ食味です。湾内では採取できない海藻植物を地産の鮮魚と組み合わせて、原産地北海道をはるかに凌駕する昆布王国に創り上げた越中人の文化力をたたえずにはいられません。

もう一つたたえたいのは、越中北前船がその昆布文化を九州薩摩藩を通じて、はるか南海の沖縄まで伝播させたことです。

幕末期、売薬商にして廻船業者の密田家などが、借財に苦しむ薩摩島津藩のために昆布を運び、それを薩摩藩が支配下の沖縄を介して清国に売って藩財政を立て直しました。当時、沖縄は琉球王国として清国と朝貢《ちょうこう》の名目での貿易を行っており、沖縄からの昆布の輸出は容易でした。おかげで沖縄島民は昆布の味を覚え、これをクーブと呼んで、島の食材豚肉と組み合わせての絶妙の郷土料理を数多く創造したのです。

いまや昆布消費量では富山と肩を並べる沖縄ですが、一方の富山は昆布輸送の見返りに中国の薬種を安価で入手できました。これも越中北前船が拓いたマリンロードの恩恵といえましょう。

北前船ソングの優れた伝播力

明治後期以後、鉄道の発達と並行して北前船の船影の消えた富山湾ですが、船が残した芸能文化はいまも息づいています。その一つ、伏木港の「帆柱《ほばしら》起こし音頭」は、春から秋まで航海した千石船が、海の荒れる冬の期間帆柱を倒して休み、春になると帆柱を起こして船出をする。そのときの祝い唄で、幟《のぼり》を立て、笛・太鼓を打ち鳴らして高唱した船頭衆の凜々《りり》しい勇姿がしのばれます。

また、放生津・岩瀬・魚津の港町で祝儀にうたう「まだら」は、佐賀県馬渡島《まだらじま》の漁師唄が能登半島の輪島に伝わって「輪島まだら」となり、さらに七尾《ななお》で「七尾まだら」となったものの流れで、北前船のマリンロードに沿って分布した、いうならば北前船ソングです。その北前船ソングのレパートリーはいろいろあって、東岩瀬に伝わる「岩瀬船方節」もその一つ。日本海沿岸の港々の遊里で船乗りたちがうたい囃した「出雲節」の伝播したもので、さらに北上して「秋田船方節」「能代船方節」などが生まれました。

北前船ソングの伝播は沿岸部にとどまりません。神通川の流域に近い八尾《やつお》町に伝わる有名な「越中おわら節」は、北前船航路の港々で流行った「ハイヤ節」が元唄で、八尾に伝わって「糸繰り唄」となり、二百十日の「風の盆」にうたい踊られるようになったとの説があります。

北前船との縁がきっかけで、多くの富山県人が北海道へ移住しましたが、移住とともに郷里の歌舞を北の大地に根付かせました。札幌市の丘珠《おかだま》獅子舞、空知《そらち》郡栗沢町の砺波《となみ》獅子舞など、幌《ほろ》の中に多数の舞い手が入って舞い狂う越中独特の獅子舞が各地に見られます。南の島へは昆布を、北の島へは獅子舞をと、越中北前船衆のパワーに脱帽します。

伏木帆柱起こし音頭

ソリャエー　帆柱起こして　ヤーレン　ソリャヤートコセーヨーイヤナ
ハアードッコイ　めでためでたの伏木の浜で　ヨーイヤナー　ハア　ソーラン　ア
リャエーノ　アリャアリャ　ドッコイショ　ヨーイトコ　ヨーイトコナー
親方さんの　親方さんの　金釣る竿じゃ
りっぱな大杉　りっぱな大杉　黄金の下で　島々弁天　端々岬《はなばなみさき》
波の花散る　有磯の浜で　船はまともに　帆は真ん中に
三つ讃岐の　讃岐の金毘羅《こんぴら》様へ　九つ熊野の　熊野の権現様へ

【ひとくち解説】

高岡市伏木港の祝い唄。冬の期間中、伏木港では千石船の帆柱を甲板に寝かせ、小矢部川岸につないで係留していた。そして春三月の吉日を選び、船主が関係者を招いて帆柱起こしの式を営んだ。長さ七、八メートルもの柱に綱を掛け、大勢で笛・太鼓の囃子に乗せて威勢よく唄を高唱しながら綱を引く。唄は、伊勢神宮の御遷宮の御用材を運ぶときにうたう「御木曳木遣《おきひききやり》」が元の船木遣《ふなきやり》である。長く廃《すた》れていたものを、三味線の伴奏を加えて、昭和四十一（一九六六）年に復活させたという。

越中おわら

（うたわれよー　わしゃ囃す）
唄の町だよ　八尾の町は　キタサノサー　ドッコイサノサー　唄で糸取る　オワラ　桑も積む
後囃子「越中で立山《たてやま》　加賀では白山《はくさん》　駿河の富士山　三国一だよ」
（うたわれよ　わしゃ囃す　コラショ）
来たる春風　氷が溶ける　嬉しや気ままに　開く梅
山へ登れば　茨が止める　茨放しゃれ　日が暮れる
八尾よいとこ　おわらの本場　二百十日を　出て踊る

【ひとくち解説】

富山湾に注ぐ神通川の支流、井田川沿いの富山市八尾町の踊り唄。風害の厄日二百十日に当たる九月一日から三日間を風の盆と称して、町ごとに唄・三味線・胡弓・太鼓とともに男女の踊り手が列を組み、街路を踊り流す。嫋々《じょうじょう》と奏でる胡弓の音に乗せて甲高い声でうたう流麗艶冶《りゅうれいえんや》なメロディーは、聴く者を恍惚《こうこつ》とさせる。

半纏《はんてん》・股引《またひき》の男と浴衣の男女がすべて編笠を被って道を練るが、道々の踊りには豊年踊り・案山子《かかし》踊り・四季の踊りがあり、特に技巧に富んだ案山子・四季の踊りは、初代若柳吉三郎の振付けである。半纏の男と浴衣の女との組み合わせの振付けが秀逸である。

伏木富山港周辺の伝統芸能・行事

伏木曳山祭

高岡市伏木では、五月十四、十五日に営む伏木神社の「伏木曳山祭（けんか山）」が名高い。六基の山車が、昼間、花飾りをして笛・太鼓・鉦《かね》の囃子で町を練るが、十五日の夜には、山車の四面を三百余の提灯《ちょうちん》で飾って町を巡る。その灯の放射が人目を奪うが、山車同士のぶつかり合いが揺らぐ灯の輝きをいっそう輝かせ、観る者を興奮させる。けんか山と呼ばれるゆえんである。

富山湾周辺の山車祭

富山周辺には華麗な山車祭が多彩である。高岡市内には動く美術工芸として名高い関野神社の御車山《みくるまやま》祭（五月）がある。

鉾の上に華麗な花傘を飾った七基の山車が、雅楽の曲名を名とする祭り囃子を奏しながら練る。高岡と接する射水市新湊《しんみなと》放生津八幡宮の秋祭（十月）では、初日に上下二段の高欄を設けた十三基の山車が昼は花を飾り、夜は四面を提灯で埋めて巡行し、翌日は境内に築山《つきやま》を構築して姥神《うばがみ》と四天王を配する。

同じく新湊加茂神社には、豪華な三基の山車の曳山まつり（九月）もある。富山市岩瀬諏訪神社の十三基のタテモン（曳山車）をぶつけ合うけんか祭（五月）、魚津市諏訪神社のピラミッド形のタテモンに数百個の提灯を垂らして練るたてもん祭り（八月）など、この地域の祭りは色とりどりだ。

八尾の曳《ひ》き山

富山市八尾町八幡神社の五月三日の祭りに曳き出される山車祭り。動く美術工芸の粋と謳われる。井波《いなみ》彫刻の祖と敬う北村七左衛門をはじめ、人形製作・彫刻・漆工など、越中工芸最高の名匠が精魂込めてつくった六基の二重屋根の山車が、獅子舞の先導で街を練り回る。坂の多い狭い街路を、太鼓の壮烈な乱打とともに大勢が渾身の力を込めて豪華な山車を引き回す光景は、日本美の顕現である。

ぼんぼこ祭り

不漁や海難事故などの起きた翌年の四月に営む、射水市新湊西宮神社の祭り。漁港前で、天狗面を付けて大小の刀を腰に差した舞人が、弓を釣り竿に見立てて鯛釣りの所作をし、弓に矢をつがえて放ち悪霊を払う。次いで、エビス様の像を奉じた御座船の海上渡御があり、還御《かんぎょ》ののち、船持ち漁師の家々を巡って悪霊を除き、エビス様を送り込み、天狗が家のエビスの掛け軸の前で豊漁を祈る。

百足《むかで》獅子舞

富山県は獅子舞が盛んだ。獅子頭の後ろに垂らす幌の中に舞人が二人入る。二人立ち獅子舞もあるが、富山には、幌の中に数人入って外から百足のように見える俗称「百足獅子舞」が数多い。高岡市伏木気多《けた》神社の四月十八日の春祭に出る獅子舞も七人が幌に入る百足獅子舞で、天狗面を付けた獅子取りに挑みかかり、双方、争い躍り跳ねる。

第3章　石川県〜福井県　編　〈七尾〜小浜〉

七尾《ななお》――石川県七尾市

古代には国府も置かれて繁栄

能登半島は先端の禄剛崎《ろくこうさき》から西の日本海側の海岸を外浦、東側の深く入り組んだ湾内を内浦と呼んでいます。外浦は波荒く、内浦は穏やかで、湾の中心にある七尾《ななお》港は出船入船で賑《にぎ》わい、北前船も寄港しました。廻船業者も多く、積み荷、荷降ろしに日夜励みました。古くは能登国の国府がここに置かれ、国分寺の建立を見た古都です。戦国時代の天正九（一五八一）年、前田利家が織田信長から能登一国を与えられ、城を築き城下町所口《ところぐち》を拓きました。のちに金沢に移って七尾に奉行所を置き、現在の七尾の礎を築きました。幕末には前田藩の軍艦所が設けられ、明治三十二（一八九九）年には開港場になるなど、七尾は近代的発展を遂げ、いまでも船舶の往来と定置網漁や養殖など漁業振興で活気づいています。前の七尾湾には小さいながら農・漁業が盛んな能登島があり、大橋の架橋もあって観光客の増加が目立っています。

知名度高い海の民謡「まだら」

七尾には海の唄として名高い「七尾まだら」があります。正月、船主や船頭・水主《かこ》たちが集まって祝宴を催し、席上、一同正座して、手拍子を打ちながら唱和します。「めでためでたの若松様よ　枝も栄えて　葉も茂る」——。

歌詞だけ見ると、諸国でうたわれる月並な歌詞ですが、実際にこれをうたうと、一字の母音を長く延ばす、いわゆる産《う》み字を多用する歌唱で、聴き手にはわかり難く、しかし荘重な感じのする祝儀唄です。

この「まだら」は、輪島でもうたわれ、東では富山県射水《いみず》市放生津《ほうじょうづ》、同県魚津市、秋田県男鹿《おじか》市船川など。西では九州の佐賀県西松浦郡有田町、同県伊万里市、長崎県佐世保市宇久町、同県長崎市三和町や遠く鹿児島県屋久島、種子島《たねがしま》などにも広く分布します。佐賀県唐津市馬渡島《まだらじま》の漁師唄が源かとの説があり、船が運び手の印象が強い唄です。

七尾まだら

めでためでたの　若松様よ　枝も栄える　葉も茂る

〈右の歌詞を次のように産み字〈子音に付随する母音を延ばす、その母音の文字化〉を多用しながらうたう〉

音頭取《おんどとり》「めでた　めでエヨエーエエーエ　エーエエーエ　エー度《た》アのオーオ　オーオエ」

座衆「イヤ　ヨー　エヨエ　エヨエー」

音頭取「若まアーアー」

座衆「アーつぅ　イヨホノホイ　コノ　イヤアイ　様《さま》　アア　アア　ヨオイ　ヨエエヨエー　エヨエー　ハレーエイヨー　ホノホイ　ア　ヨイコノ　サイヨホホイヨー　イサー　エー」

音頭取「イヤア　枝アーアー」

座衆「アアも　イヨオオ　ホイコノイヤ　さアかアーえるぅーぅー　ヨオイヨー

エー　エヨエ　エヨアーエーイヨホノホイ　アー　ヨイコノサー　葉アもゥしィーィーげるゥーゥー　ヨイサーエー」

（左の歌詞も同様に）

このま館《やかた》は　めでたい館　鶴が御門に　巣を懸ける

差すぞ盃　中見てあがれ　中は鶴亀　五葉の松

【ひとくち解説】

石川県七尾市を中心に、輪島市など能登半島沿岸部に伝わる祝儀唄。正月や婚礼・新築・生年祝いなどの祝事には欠かさずうたった。宴席の初めに正座し、音頭取りの発声で手拍子を打って厳粛にうたう。船頭衆のあいだでは特に尊ばれた祭唄であった。

歌詞は、全国の祝い唄に共通のものが多いが、一語一語の子音のあとの母音を長く引き延ばすのが特色で、聴いていて歌意が不明なのが、江戸木遣《きやり》などと通じる。儀式性を強調してのものであろう。

「まだら」の名は、北九州の佐賀県唐津市鎮西町の馬渡島から出たかといわれ、当地の漁師唄が海路、当地方に流伝したものであろうかと推定されている。

七尾周辺の伝統芸能・行事

七尾石崎奉燈祭《いっさきほうとうさい》

能登の夏の夜を明かりで彩るのはキリコ祭りである。キリコは「切子燈籠《きりこどうろう》」の略称であるが、能登のキリコは巨大にして豪華で、勇壮な風流燈籠であり、人々の信仰を集める御神燈でもあった。

七尾市の漁師町、石崎町の八幡神社では「奉燈祭」と称し、八月第一土曜日に、町内七地区から大小のキリコが出て町々を駆け巡る。大は高さ十五メートル、幅三メートル、重さ二トンもあり、男たちが百人がかりで担ぎ上げ、「サッカサイ、サカサッサイ、イヤサカサ」の掛け声で、台上の太鼓・笛・鉦《かね》の囃子も賑やかに練り歩く。

キリコの表には漢字三文字の墨書、裏には豪快な武者絵が描かれる。夕刻、大キリコ六基が神輿《みこし》の泊まる堂前広場に勢揃いして大漁を祈願し、乱舞競演で気勢を上げる。キリコに灯が入ると一段盛り上がり、花火が打ち上げられるなか、夜が更けるまで街路を練り回る。

輪島——石川県輪島市

能登衆の北方への広がり

北前船の北の起点、北海道渡島《おしま》半島の江差《えさし》港に、遠く石川県の能登半島から移住した人の子孫が数多く住んでいます。また、江差とは津軽海峡を隔てた青森県下北半島西部の旧脇野沢村（現・むつ市）は、能登から渡ってきた船頭衆によって開かれた村だと伝えます。移住したのは、ともに一七〇〇年以降といいますから、北前船往来の歴史のなかの出来事と申せましょう。

江差の能登衆は、毎年初夏のニシン漁や、年間通じての海産物、檜材《ひのき》の輸送に従事するうちに住み着いた人たちです。脇野沢の能登衆は、豊富な檜材の積出しに関わった廻船業者、船頭、水主などとその家族たちでした。

江差町が世界に誇る民謡「江差追分《おいわけ》」の名歌手と謳《うた》われる、青坂満《あおさかみつる》（一九二九～二〇二〇）の祖母は、能登半島の突端珠洲《すず》市折戸の漁家の出と聞いています。珠洲は三方が海で小漁港が多く、西隣の輪島市と並ぶ能登漁業の拠点です。

古くは海を越え大陸とも交流

輪島は奥能登と呼ばれる能登半島北部の中心都市です。北からのリマン海流の寒と南からの対馬海流の暖が交わって、多種の魚群が遊泳乱舞します。それを獲っての朝市が四季を通じての名物になっています。新鮮な魚介のほか、干物・漬物・野菜・根菜から一般家庭用具・民芸品などがずらりと並び、それを商う女性たちの健気でたくましい姿が印象的です。

女は陸《おか》で、男は海で働く。働く海のエリアの広いこと。輪島から望む対岸は、ユーラシア大陸の、いまの中国の東北部です。八世紀頃、そこにあった渤海国《ぼっかい》（六九八～九二六）の渤海使船がたびたび能登・加賀に来て通商を行いました。能登では、渤海使船は輪島市西隣の現・志賀町の福良《ふくら》港に寄港しました。

能登人は造船技術に長《た》けたことで名高く、当然、男たちは日本海の荒波を物ともせず、対岸へ押し渡ったことでしょう。「ワジマ」の地名は、渤海人から見ての称「倭《わ》の島」から生まれたとの説があります。

輪島は古くは小屋湊《おやみなと》といい、河原田川と鳳至川《ふげしかわ》とが合流して海に注ぐ湾口にあり、西北に延びる岬が風除けになる良港でした。日本海沿岸屈指の港として、東北・北陸との物流で繁栄しました。能登半島海岸一帯は古来製塩が盛んで、その塩を越後・東北、あるいは北陸各地へ輸送販売し、また、加賀・越中の米を松前《まつまえ》へ運び、松前のニシンや海産物を西国で売り捌《さば》いて利を得ました。

天正九（一五八一）年の『廻船式目』には、日本海沿岸で著名な港「三津七湊《さんしんしちそう》」の一つとして輪島の名が挙げられており、福良港とともに、江戸時代には自前の船を持って廻船業を営む船主も現れ、北前船商戦で覇を競う一員になりました。

平家血縁の名家で豪農として知られる時国家《ときくにけ》もその一つで、上・下二家に分かれての上《かみ》時国家では幕末期に船を持ち、松前で魚肥《ぎょひ》や昆布を買い、西国で売って財を増したと聞きました。

能登麦や節

麦や小麦はイナー　二年でイナー　刈るがヤーイナ　米はおろくでイナー　年さ
ヤーイナ　孕《ばら》みヤー　米はおろくでイナー　年サー　ヤーイナ孕みやー
能登の志津良《しづら》で　竹伐る音は　三里聞えて　五里響く
輪島麦やは　七軒八軒《ななやけややけ》　なかの麦やで市が立つ

【ひとくち解説】

かつて志津良（現・輪島市門前町）と呼ばれた地域で、素麵《そうめん》の原料の小麦を粉にする職人が口にした臼挽《うすび》き唄が元唄といい、のちに出稼ぎ職人によって、現・富山県南砺《なんと》市の越中五箇山《ごかやま》地方に伝播した。そのため「輪島」の名でうたわれたが、やがて元の「麦や節」と呼ばれるようになったとされる。また、元の元は「まだら節」であったとの説もある。

志津良は竹の産地で、そこで生まれたお小夜が粉ひき女工から金沢で遊女となり、藩士の事件に巻き込まれて五箇山の小原に流されて唄が伝播したとの伝承もある。歌詞の「米はおろく」を「米はお六」「米はお禄」「麦屋お六」と記すところもある。

輪島周辺の伝統芸能・行事

輪島大祭《おおまつり》

毎年、八月二十二日から二十五日まで、輪島市内の四つの町（海士町・河井町・鳳至《ふげし》町・輪島崎町）の社が順次に催す祭りを総括して「輪島大祭」と呼ぶ。いずれも、神輿が御《お》仮屋《かりや》に渡御《とぎょ》するもので、渡御には数多くのキリコがお供をする。高さ十二メートルもの大松明《たいまつ》に火を灯し、その下を神輿担ぎが通る。そして、燃え尽きた松明に掲げた御幣を若者たちが奪い合うさまが勇壮だ。

海士町の祭の渡御は、沖合の舳倉島《へくらじま》の女神と輪島の男神との年に一度の逢瀬を表すと伝え、顔に紅を塗り、赤や青の腰巻をつけた女装の若者が神輿を担いで海中に入り、浜に立つ子どもたちが神輿を綱で引っ張る。最終日の輪島崎町の祭りでは、鯛を象《かたど》った神輿がキリコを従えて街路を駆け抜け、港には大漁旗を掲げた漁船が並んで祝う。意気盛んな海の祭りである。

御陣乗太鼓《ごじんじょうたいこ》

輪島市名舟《なふね》に伝わる太鼓伎《たいこぎ》。能登の七尾市をはじめ、北陸各地には数個の大太鼓を数人の壮者が豪快に打ち鳴らす太鼓伎が多数あるが、御陣乗太鼓は打者が仮面を着け、戦いの様を劇的に表現するので名高い。その戦いとは、戦国時代の天正五（一五七七）年、輪島が上杉謙信の軍勢に攻められたとき、村人が奇怪な仮面を着け、被った海藻の髪を振り乱した姿で太鼓を打ち鳴らして敵を脅し、撃退した史伝である。その勝利を祝って再現したのが、太鼓伎の由来だと語っている。

三国湊《みくにみなと》――福井県坂井市三国町

継体《けいたい》天皇の水門《みなと》づくり伝説

九頭竜川《くずりゅうがわ》、ロマンあふれる名です。福井・岐阜県境の油坂峠付近を水源に、両白山地《りょうはく》の間を縫って大野盆地を北西に進み、足羽川《あすわがわ》・日野川の集まる福井平野でそれらを合わせて北流し、河口近くで竹田川をも合わせて日本海に注ぎます。

全長百十六キロメートル、流域面積二千九百三十平方キロメートル。地図を見れば、まさしく巨大な龍が長い尾を垂らして越前の山野を這《は》いずっているようです。そのノド口が、現在は福井県坂井市三国町《みくに》となった三国湊《みなと》です。

三国湊が生まれたのは、はるかに遡《さかのぼ》って五世紀末の昔と伝えます。当地で育った第二十六代継体《けいたい》天皇が若い頃、九頭竜・足羽・日野の三河川を造成して、三国に水門《みなと》を開き、湿地を干拓して、泥沼だったいまの福井平野を肥沃の地にしたというのです。あくまで伝説ですが、継体天皇在地は事実です。

『日本書紀』巻十七の「継体紀」によれば、天皇は応神《おうじん》天皇の五世の孫彦主人王《ひこうしきみ》の子で男《お》大迹王《おどのきみ》といい、母は垂仁天皇七世の孫の振媛《ふるひめ》で、越前三国から彦主人王に迎えられて近江高島郡三尾に嫁《か》したが、王が逝去したので母は故郷に帰って幼い男大迹を育てた。幼子は長じて、人々を愛し賢人を敬う優《すぐ》れ人《びと》となった。折しも、都では第二十五代武烈《ぶれつ》天皇が崩御し、皇位を継ぐ者がなく、大伴金村《おおとものかなむら》が諸臣に諮《はか》って男大迹王を捜し出して懇望し、男大迹王は河内国交野《かわちのくにかたの》郡《ごおり》樟葉宮《くずはのみや》で即位なさった、とあります。ときに六世紀初頭の頃と推定されます。

この継体天皇について、地方豪族の出であること、即位後二十年間旧都の大和へ入らなかったこと、その後嗣《こうし》の葛藤など謎が多いとして、学界で論議されていますが、地元では、現・福井市の中央にある足羽山に鎮座する式内社《しきないしゃ》・足羽神社のご祭神を継体天皇とし、また、天皇の石像を神社近くの足羽山公園に造立して、崇敬の思いを深くしています。

古代より発展した三国湊

三国湊は、本州の日本海沿岸の中央に位置します。河口が広く風除けもよい天然の良港ですが、何より九頭竜とその大小ある支流への入り口であることが、海と内陸をつなぐ役割を担わせて、古くから船の出入りが頻繁でした。

奈良時代の天平十三（七四一）年、越前国府が日野川に沿う武生《たけふ》に置かれて国分寺が建ち、その二年後開墾地を私領地と認める墾田永年私財法令が公布されて、越前の多くの土地が東大寺の墾田となりました。それが荘園《しょうえん》に発展し、年貢の品々が九頭竜川水系から三国湊に運ばれ、船で敦賀《つるが》や小浜《おばま》を経由して奈良へ送られました。

九頭竜川では、上流の白山への登拝口に養老元（七一七）年草創と伝える霊応山平泉寺があり、室町時代末には六千坊、四十八社、三十六堂を有する天台宗の大寺院として八千人もの僧兵を養ったといいます。その間、鎌倉時代の寛元二（一二四四）年には、禅僧道元が下流志比谷《しびだに》に吉祥山永平寺を開創し、曹洞宗《そうとうしゅう》大本山としました。信仰の川となった九頭竜の上り下りに、僧坊の品々も数多く積まれたことが思われます。

足羽川は岐阜県境の池田町冠山《かんむりやま》から北流して福井平野で西に進みますが、平野を一望に見渡せる支流一乗谷川《いちじょうだにがわ》の谷間に築いた山城が一乗谷城です。室町時代の文明三（一四七一）年、越前守護となった朝倉孝景とその代々は、堅固な城郭と城下町を一乗谷に造成し、治水事業にも尽くして、領国を豊かにしました。他国との交易も足羽・日野・九頭竜川と三国湊ルートで潤沢に行われましたが、特に足羽山特産の笏谷石《しゃくたにいし》は、きめ細かく色美しく、柔軟で加工しやすい火山礫凝灰岩《かざんれきぎょうかいがん》なので他国からの需要が多く、三国湊から東北地方や西国に数多く運ばれました。

天正九（一五八一）年の『廻船式目』に、日本海沿岸の著名な湊「三津七湊」の一つに三国の名が挙がっているのも、沿海と九頭竜川水系との船舶往来の殷賑《いんしん》の実績が評価されてのものと思われます。

親藩福井藩の庇護を受け繁栄

百二年にわたって越前守護職として君臨した朝倉氏は、織田信長との戦いに敗れて滅亡し、その後、北ノ庄城主となった柴田勝家も、わずか八年で秀吉に敗れて討死。関ヶ原合戦後の慶長六（一六〇一）年に、徳川家康の次男結城（松平）秀康が入府し、北ノ庄改め福井の藩主となり、以来、徳川一門の松平氏が越前の中央部と周辺を統治しました。また、日野川筋南部には鯖江《さばえ》藩、九頭竜川筋では上流に大野藩、中流に勝山藩、下流には丸岡藩が立藩しました。

福井藩は三川にまたがる扇状地を占めて当初六十五万石、最後が三十二万石の大藩ですが、他は二万二千石から五万の小藩でした。しかし、それぞれの藩米や物産の搬出と他国の物品の輸入はもっぱら三国湊を通じて行われ、それを請け負う大小の問屋が軒を連ねて港も街も大いに賑わいました。そして、物資の保管・委託販売ばかりか、千石船の船主となって藩米の輸送や諸国商いで財を積む豪商も次々生まれたのです。

特に港の管轄権はここを領内とする福井藩にあり、藩の外港として室屋（内田家）などの御用達廻船業者が働き、羽振りを利かせたものでした。これら船主は大帆船を駆って藩米を大坂に運び、また蝦夷地《えぞち》と上方《かみがた》を股にかけて、各地物産の売買で巨利を積むようになるのです。諸国の大型船も三国湊に寄港し、川からの舟と海からの船とが輻輳《ふくそう》する全盛期の到来です。

諸国に知られた三国小女郎

自国・他国大小さまざまの船の出入りの殷賑が直ちに反映するのが、弦歌のさんざめく遊里の賑わいです。そうした諸国の港の遊里でとりわけ人気の高いのが「三国小女郎《みくにこじょろう》」の名で知られる三国湊でした。小女郎の「小」は「可愛らしい」「愛《いと》しい」の意で、男たちから愛される遊女をたたえての美称です。三国では芸才備えた遊女を指したようです。

その三国小女郎が歌舞伎芝居に取り上げられて有名になった一つが、劇聖近松門左衛門が書いて元禄十二（一六九九）年正月、京都万太夫座で和事《わごと》の名人坂田藤十郎が演じた『傾《けい》城仏の原《せいほとけはら》』でした。藤十郎演じる越前国主の若殿が馴染《なじ》んで子を産ませる三国の遊女今川を、人気の女形霧波千寿が演じて好評を博しました。

もう一つは、初世並木五瓶《なみきごへい》作で寛政十（一七九八）年正月、江戸桐座で上演した『富岡《とみがおか》恋山開《こいのやまびらき》』です。これは俗謡にもうたわれ、五瓶が前名・吾八で書いた『三国湊名所《めいしょの》帷子《かたびら》』＝安永四（一七七五）年上演＝などにも登場する玉屋新兵衛と小女郎の情話を、江戸深川を舞台のドラマに仕立てた作品で、小女郎は武家の娘で、無頼の兄に深川三国屋に売られた遊女として登場します。

三国以外で小女郎の名が出る浄瑠璃作品に、近松門左衛門作の『博多小女郎浪枕《はかたこじょろうなみまくら》』がありますが、博多には小女郎の称はなく、「仏の原」などで有名になった小女郎の名を近松が借りたかと思います。

その三国小女郎たちの遊女墓が、現・南本町《みなみほんまち》にある浄土宗寺院金谿山西光寺《きんけいざんさいこうじ》にあるそうですが、同寺院は正保三（一六四六）年の建立で、近くの松ヶ下に遊里ができ、街の埋め立てが進んで生まれた上新町《かみしんまち》にも花街《かがい》が建ちました。さらに、新義真言宗智山派の名刹《めいさつ》滝谷《ろうこく》寺《じ》門前町の滝谷出村《たきたにでむら》にも花街が生まれました。

出村は、丸岡藩初代藩主今村盛次が領民に勧めて村建てした新地です。丸岡藩の港口でもあったのですが、正保元（一六四四）年、福井藩が出村との境の小さな辰巳川際に口留番《くちどめ》所を設け、港の出入り一切を福井藩が監督する体制を敷き、丸山藩領の出村は丸岡藩の港の機能を失って孤立しました。

まさしく郭《くるわ》の形になった出村は、藩境の小川に架かる橋が思案橋《しあんばし》と呼ばれるようになり、「行こか戻ろか／渡れば花の色街」といわれる廓《くるわ》への通い道となりました。ただ、丸岡藩の意気地が働いたか、遊女はただの遊女とならず、十八世紀前半頃、俳諧で名を成した長谷川こと俳号哥川《かせん》のような名妓も出、並みを超えた小女郎で知られた廓となったのです。

北前船の終焉とその残照

三国湊の繁栄は明治維新後も続き、明治四（一八七一）年には丸山藩領の滝谷村の港が福井藩の管理を解かれて坂井港となり、同二十二（一八八九）年、三国町誕生とともに、湊・坂井合わせての三国港になりました。

が、皮肉にも、着々進んでいた鉄道の北陸線が同十七（一八八四）年に長浜・敦賀間が開通し、同二十九（一八九六）年に敦賀・福井間、同四十四（一九一一）年には、北陸線金津駅から三国湊まで支線が開通するまでになりました。港の落日です。

幕末期に北前船の船主となり、廻船業者の名を馳せた森田吉右衛門家は、海運の衰退を察知して金融業に転じ、森田銀行を設立して成功しました。北前船時代の終焉の証しです。

いまは整備された福井本港の脇で、越前ガニや甘エビなど沿海漁業に励む漁港となり、平成十八（二〇〇六）年三月、丸岡・春江・坂井町と合併して坂井市三国町と変わりました。

しかし、地元住民は、三国湊の栄光の歴史を誇りとし、文化遺産の保存とその宣揚《せんよう》に努めています。その名も「三国きたまえ通り」が港近くにあり、三国湊座の大看板と暖簾《のれん》の建物が立ち、昔の町屋のたたずまいを味わいながら歩けるといいます。

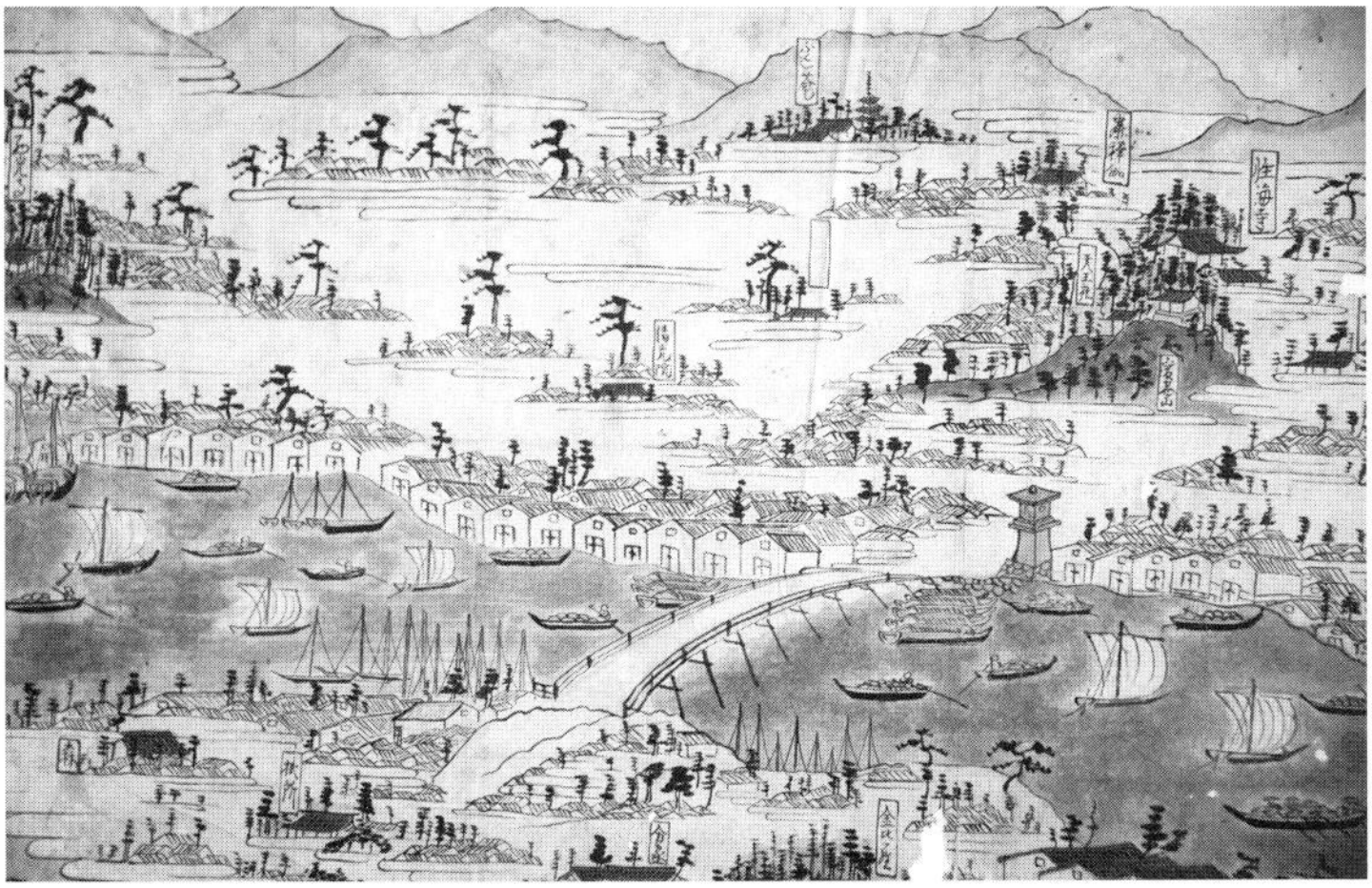

慶応元年（1865年）に描かれた「越前三国湊風景之図」（提供：みくに龍翔館）

また、湊の海運の歴史と文化を伝える資料を展示する「三国会所マチノクラ」、材木商として海運にも貢献した豪商岸名家の家屋と内部、北前商森田家設立の森田銀行。さらに、江戸時代、船の出入りを観望した日和山《ひよりやま》と句会の催された金鳳寺《きんぽうじ》、河口に堆積する土砂を防ぐ大突堤、出村遊郭跡など、湊に照り映えている夕日の美は、なお輝いて旅人を魅了するようです。

山唄にもなった港唄の広がり

わたしは、いまの街は知らず、四十年余も前に三国湊の河口に立って、この大河を遡った登龍に似た唄の流跡を思い浮かべたことがありました。

石川県南東端白山連峰山麓の旧白峰村《しらみね》（現・白山市白峰）で、南九州から海沿いの港々にうたい継がれた「ハイヤ節」が山人の唄になったことを、民謡研究の大家である故・町田佳聲《かしょう》氏が指摘しました。それは、この三国湊の遊里でうたわれたものが、川を遡って勝山市旧平泉寺村界隈で盆踊り唄となり、次いで大野市旧五箇村の笠踊り唄に変わり、やがて白峰村の笠踊りの「ハイヤ」に定着したものだといわれました。

加賀・越前・信濃の山脈《やまなみ》が寄り合う険阻《けんそ》の地に、多彩な歌舞の集合が見られることの裏には、その山々から流出する長河と、それに沿う道と里の働きがあったことを故・村中利男氏も指摘しています。

岐阜県は奥美濃の郡上八幡《ぐじょうはちまん》町の有名な郡上踊りの「春駒」は、越前の焼き鯖売りの「焼き鯖、焼き鯖」の唄声が三国あたりから油坂峠などを越えて伝播したとされ、「猫の子」も沿海から三国を遡ったものかといわれています。

眼を転じて三国湊対岸の新保《しんぽ》地区を見ると、そこにも江戸時代に廻船業者がいて、大船を駆って諸国商いで稼ぎましたが、その歴史を物語るのが毎年正月十五日に催される船祝いです。船主の家（いまは春日神社）に船乗り衆が集まり、全員正座で手拍子を打ちながら、祝い唄「いざき」を唱和します。「いざき、よいわの朝日を受けて　瀬戸の入り口そよそよと」などの歌詞を、母音を長く延ばしながらゆったりとうたうのが特徴です。

これは能登半島の輪島や七尾の港でうたう祝い唄「まだら」と同種のもので、元は長崎県唐津市の玄界灘に浮かぶ馬渡島の舟唄でした。それが三国湊に伝播し、さらに能登半島に伝わったものと考えられます。「いざき」は水先案内の意味だそうですが、こうした唄から見るところ、三国湊が海と川の交わる地にあって果たした功労の歴史を改めて実感させられるのです。

北前船歌詞集――三国湊

三国節《ぶし》

三国三国と　チョイト　通う奴ァ馬鹿よ　帯の幅ほど　ある町を
ある町を　チョイト　ホイある町を　帯の幅ほど　ある町を　チョイ　チョイ
チョイ

酒は酒屋で　濃い茶は茶屋で　三国小女郎は　松ヶ下

出村思案橋　戻ろか行こか　何の思案橋　行くがよい
三国出村の　女郎衆の髪は　船頭さんには　碇綱《いかりづな》
岩か屏風か　屏風が岩か　海女《あま》の口笛　東尋坊《とうじんぼう》

【ひとくち解説】

坂井市三国町の花街でうたわれたお座敷唄。ほんのりとした艶っぽさが心を温める。下の句の繰り返しが特色で、盆踊りにも用いられる。三国神社の地固め唄から出たとの伝えがあるが不詳だ。冒頭の歌詞の「帯の幅ほど」は「長くて狭い」の表現と見られる。

三国湊の花街は諸国に名高く、江戸時代中期に始まった。当初、旧福井藩領の西光寺近くの「松ヶ下」にあり、上新町、丸岡領出村へと発展した。「小女郎」は女郎（遊女）の美称。芸才と愛嬌を備えた小女郎がいて、芝居にも取り上げられ、三国遊女の汎称ともなった。

「出村思案橋」は出村花街の入り口の川に架かる橋の愛称。五首目の「東尋坊」は三国から北東へ四キロメートルほどの海岸に見る柱状の輝石安山岩《きせきあんざんがん》の断崖が凄絶《せいぜつ》の名勝だ。

「海女の口笛」は、名物のウニなどを潜水採取する海女たちが、海面で息継ぎをするときの口笛に似た息音のことである。

三国湊周辺の伝統芸能・行事

三国祭

坂井市三国町山王鎮座の三国神社の例大祭。祭日は五月十九～二十一日（元は旧暦四月申《さる》の日）で、北陸の三大祭りの一つに数えられ、特に二十一日の人形山車《やま》の巡行が名高い。

元の三国神社は、継体天皇崩御ののち天皇を祀る社として創建され、下って白山千手寺《はくさんせんじゅじ》が別当寺となって社を支え、延喜《えんぎ》式内社として中世まで栄えたが、南北朝争乱で寺が南朝方の城となって衰微した。

現在の神社は永禄七（一五六四）年、白山千手寺の本坊正智院の僧澄元が桜谷に大山咋命《おおやまくいのみこと》を祀る山王宮を建立し、明治三（一八七〇）年に桜谷神社となったが、同五年に継体天皇を祀る水門《みと》宮を合祀して三国神社の名を継いだ。

祭は、三国湊が西廻り海運で賑わう江戸時代中期に神幸行列が華やかになり、宝暦年間（一七五一〜六三）には、氏子町内から山車《やま》を出すようになったようである。

いまに伝わるものは、二層の山車《やま》の上層に四メートルもの大きな武者人形を飾るのが特色で、下層には太鼓・締太鼓方を前に、後ろに篠笛・三味線の囃子方《はやしがた》が座し、長唄・端唄・民謡などを演奏する。

山車《やま》には前方二つ、後方一つの車輪が付く。氏子約三十町内が、一町内、あるいは複数町内が共同で山車《やま》を持ち、それぞれ趣向を凝らした人形を飾って人気を競う。南北朝争乱の楠木正成・正行《まさつら》親子や新田義貞、戦国武将の浅井長政、柴田勝家などなど。あるいは歌舞伎の鏡獅子、連獅子など、さまざまな人形が登場して観衆の喝采を浴びる。

現在、山車《やま》は十八基あり、毎年六台ずつ交替で二十一日の神幸行列に参加する。当日午前、神社に勢揃いしてそれぞれの意匠を披露し、午後、本社から神輿と神官・巫女《みこ》・武者・獅子・鉾《ほこ》などの行列に六基の山車《やま》が従って、賑やかな囃子を奏しながら町内を練る。梶棒取りの威勢の良い声が興奮を誘い、詰めかけた群衆から褒め言葉が飛ぶ。露店も数多く、三国湊の昔の殷賑が甦《よみがえ》る思いがするとは地元住民の声である。

敦賀《つるが》——福井県敦賀市

京・大坂への物流センター

福井県敦賀市は福井県の中央部、昔の越前国と若狭《わかさ》国との境界付近に位置する越前側の港町です。港は、北西風を遮る敦賀半島の入江の深部にあり、若狭湾東端の敦賀湾に面する天然の良港です。陸路では奥羽・北陸から関ヶ原を経て名古屋に通じる北陸路の要地で、後背の、かつての越・若の国境であった愛発山《あらちやま》には、古代三関の一つ愛発関《あらちのせき》が置かれていました。

畿内と北陸諸国を結ぶ物資の中継地であり、古代には朝鮮半島や渤海国との往来があり、平安時代初期には、渤海など外国使節を接待する客館が設けられました。

日本海沿岸諸国の貢納物もここから京へ運ばれ、中世、荘園の年貢米は海路を通じて敦賀に集められ、運送専門の問丸《といまる》（水上運輸の仲介業者）もいて、近世には何軒もの廻船業者が活動しました。

江戸初期は小浜藩領、のちに敦賀藩領となりました。東北・北陸諸藩の蔵米・特産品、蝦夷地交易品もここから陸に揚げられ、一つのコースは、塩津（滋賀県伊香郡西浅井町塩津）へ運び、船で琵琶湖を渡って大津に出る五里半越え。もう一つは海津《かいづ》（滋賀県高島市海津）から琵琶湖を渡って大津へ出る七里半越えで、大津から陸路京へ向かい、また、京の伏見から淀川を舟下りして大坂へ行くルートが開かれました。

これが京・大坂への最短の輸送路と歓迎され、元和・寛永年間（一六一五〜四三）頃には、敦賀港に集まった諸国からの米・大豆などの俵物《たわらもの》は百万俵を超えたといいます。

ところが、寛文十二（一六七二）年、西廻り海運が開かれてのちは、すべてが船で大坂まで運べるとあってそちらへの利用度が高まり、敦賀の陸揚げがガクンと減少しました。移出入額は三分の一に減り、わずかに京が求める米と、周辺農村もほしがる魚肥など松前からの海産物の輸送が専《もっぱ》らとなりました。

蝦夷地で巨利を得た近江商人

この松前と敦賀を結ぶ北前船の商いで、江戸時代初期から主役を務めたのが滋賀県は近江の、いわゆる近江商人でした。

敦賀から松前・江差へは、遠いようで意外に近く、海路、順風ならば、季節風と海流に乗って三、四日で行けたといいます。近江商人は戦国時代末頃には、すでに蝦夷地に行商に出かけていたようで、当時渡島半島南部で勢力を広げていた蠣崎《かきざき》氏一統に、京の衣料や畿内の産物などを売り込んでいたようです。

蠣崎氏は下北半島から渡島半島に渡って先住の安東（藤）氏に従い、徐々に勢力を伸ばし、周辺のアイヌを次々に倒して半島南部を制圧した豪族です。戦国末期、豊臣秀吉に臣従し、のち徳川家康から領土を安堵されて松前と改姓したのですが、その始祖は、嘉吉元（一四四一）年から永禄十（一五六七）年まで若狭国守護であった、若狭武田氏の系譜を負う武田信広であったといいます。信広は蠣崎季繁《すえしげ》の養子となり、松前藩松前氏の祖となりました。

近江商人が松前藩と親しくなったのは、松前氏のかつての拠点が若狭湾内の小浜・敦賀周辺であったことにも縁があったかもしれません。

彼ら近江連中は、行商のかたわら豊かな漁場と蝦夷地の産物に目を付け、慶長年間（一五九六〜一六一四）、琵琶湖湖東の柳川村（現・彦根市柳川町）と薩摩村（現・同市薩摩町）の同業者が組み、さらに八幡町（現・近江八幡市）の組合と連合して両浜組を組織し、松前藩から場所請負人の名と権利を得て、蝦夷地沿岸海域を幾つかのエリアに分けた商場《あきないば》の漁業権とアイヌとの交易権を独占しました。

請負人は商場から得た利益をわが物とする代償に、藩や藩士に運上金《うんじょうきん》を献上する取り決めでした。松前藩は自身働かずして濡れ手で粟の思いでいましたが、その間両浜組は、得た産物を組合で雇った荷所船《にどころふね》で敦賀港へ運んで、京・大坂や畿内の町・村に販売して巨利を得ました。

荷所船は、敦賀や近くの河野《こうの》（現・南越前町河野）、吉崎（現・あわら市吉崎）などを拠点とする船主の持ち船で、そのなかから河野の右近家のような、近代になると日本有数の汽船所有者と謳われた船主も現れました。右近家は現在旧宅を「北前船の館」として公開し、隔年ごとに北前船フォーラムを開催して、北前船の歴史文化の宣揚に努めています。

謎多きツルガの名の由来

敦賀の市街の、古代にはそこが船の着岸地であったろうと伝えるところに、越前一宮の気比《けひ》神宮が鎮座します。北陸無双の大社と謳われ、海の守り神と崇められてきました。主祭神を伊奢沙別命《いざさわけのみこと》とし、次に十四代仲哀《ちゅうあい》天皇、神功《じんぐう》皇后、十五代応神天皇、日本武尊《やまとたけるのみこと》、玉姫命《たまひめのみこと》、武内宿禰命《たけのうちのすくねのみこと》を奉斎《ほうさい》します。

伊奢沙別神は、『古事記』中巻の仲哀天皇条によれば、武内宿禰命が皇太子品陀和気命《ほんだわけのみこと》（のちの応神天皇）の禊《みそぎ》のために近江・若狭を巡歴し、高志《こし》の前の角鹿《つぬが》に仮宮を建てたとき、神は皇太子の夢に現れて、「私の名を御子の名に易《か》えたいと思う。明朝、浜にお出でください。名を易えたしるしの贈り物を差しあげましょう」と告げたそうです。

それで皇太子が翌朝浜に行くと、何と、鼻が傷つき鼻血のついたイルカがたくさん集まっていたのだそうです。それを皇太子が見て、多くの食料を賜ったものと感謝し、神に御食津神《みけつがみ》の御名を献じました。笥飯《けひ》（気比）の大神です。また、イルカの鼻血のにおいが臭かったので湾内を血浦《ちぬら》と呼んだが、いまは都奴賀《つぬが》といっていると記されています。

また、『日本書紀』巻六垂仁《すいにん》天皇の条には、第十代崇神《すじん》天皇の御代に、額に角の生えた人が船に乗って笥飯浦《けひのうら》に着いた。それでその地を名付けて角鹿といった。そして、その人の名を問えば、大加羅国《おおからのくに》の王子で都怒我阿羅斯等《つぬがあらしと》と答えたとあり、気比神宮の摂社、角鹿神社はこの王子を祭神としています。

越前地方には新羅《しらぎ》の王子天日槍《あまのひほこ》が巡歴したとの伝承もあり、海を挟んでの大陸との人・文化の頻繁な交流があったことがうかがえます。

北前船歌詞集——敦賀

越前舟漕《ふなこ》ぎ唄

ハア　アーアーアー　今日は時化《しけ》でも　ヤーイ　ハア　また明日になりゃ
大漁大漁の　旗立てる
河野浦から　今朝出た船は　能登の岬を　過ぎたやら
漁師船方は　板一枚じゃ　そよと風吹きゃ　下地獄

【ひとくち解説】

若狭湾から越前海岸にかけての沿海を行き来する船でうたわれた唄とされる。伸びやかで強く張る歌声が快い。が、元は近海で獲れた魚介類を、夜の明け切れぬうちから漁村の女たちがリヤカーに積んで、町の朝市に運ぶ道でうたった「夜出唄《よでうた》」であるという。昭和四十（一九六五）年、小杉太一郎が編曲し直したものだそうだ。二首目の「河野浦」は越前海岸南端の旧河野村（現・南越前町河野）の港のこと。

越前馬子唄《まごうた》

ハイハイ　笠を忘れたハイ　ハア敦賀のハイ　茶屋でハイハイ　空が曇ればハイ
ハア思いハイ　出すよハイハイ
今庄《いまじょう》まで来た　府中まで五里じゃ　帰り馬なら乗せてくれ
藁で髪結うた　馬方なれど　女郎衆待ちます　府中の宿で

【ひとくち解説】

畿内と北陸各地を結ぶ北陸道を、馬を引いて人や荷物を運ぶ馬子が口ずさんだ道中唄。

敦賀から宿場町として栄えた今庄（現・南条郡南越前町今庄）を経て、古代越前国府の置かれた府中（現・武生市《たけふ》）へ行く道中をうたう。

「笠を忘れた云々」の類句は全国に数多く、青森県の「十三《とさ》の砂山」に「笠を忘れた敦賀屋の宿さ　西が曇れば思い出す」があり、「笠を忘れた峠の茶屋で」（「江戸木遣」）や、「笠を忘れた山茶花《さざんか》の茶屋へ」（佐賀県「岳《たけ》の新太郎」）などなど。

江戸時代、将軍・大名家の官船の進水式や、乗船儀礼などにうたわれた「御船謡《おふなうた》」に、「笠を忘れた駿河《するが》の茶屋で空が曇れば思い出す」があり、古く遡って平安時代の東遊《あずまあそび》「駿河舞」に「磐田したえ／笠忘れたりや」とあるのを見ると、「駿河」「敦賀」の音のつながりが歌詞のつながりに変じたことも考えられる。

敦賀周辺の伝統芸能・行事

気比総参祭《けひそうまいりまつり》

気比神宮の七月二十二日の大祭。御祭神が常宮《じょうぐう》に坐す女神を船でお訪ねになる船祭と伝える。五色の吹き流しをなびかせた御座船が、供奉《ぐぶ》船を従えて海を渡る。海に生きる越前・若狭の人々の愛の夢を込めての祭りである。

敦賀まつり

気比神宮例大祭をメインとする、九月一日から始まる市民総参加の祭典。例大祭は二日が宵祭、三日神幸祭、四日大祭、五日から十日までが後祭りで、飛んで十五日が月次《つきなみ》祭と長々と続くので「気比の長祭《ながまつり》」と呼ばれる。

なお、一日は市民総参加のカーニバルとして、高校生のブラスバンド、チアリーダー、ゆるキャラ、市民歌劇団、各種団体が出ての演奏や大行進などがある。二日は町々の山《だ》車《し》の巡行で、山車の上での子どもの踊りや祭り囃子が人気の的。三日は神官・鎧《よろい》武者《むしゃ》・巫女などが先頭に立っての神輿の市内巡行。四日は戦国絵巻を壮大華麗な作《つく》り山《やま》とした六基の山車が練り歩く。子どもたちが曳《ひ》き子となり、山車の上から掛る「エンヤサーエイヤー」の声に、「オイスクレー」と応える声が清々《すがすが》しい。

小浜《おばま》——福井県小浜市

「海の見える小京都」

敦賀・小浜を包む若狭湾は広大で、東は福井県の越前岬から西は京都府奥丹後経《きょう》ケ《が》岬《みさき》の間に広がる大陥没湾です。沿岸はリヤス式沈降海岸で、多数の突き出た岬とその間の小湾が連なります。宮津湾・舞鶴湾（以上京都府）・高島湾・小浜湾・矢後湾・敦賀湾などなど。風光明媚で、若狭国定公園・天橋立《あまのはしだて》大江山国定公園に指定されています。

小浜は、福井県の西南、若狭湾中央部の小浜湾に臨む港町です。漁場の活気と古雅な町並みとの対照が印象的です。人口はわずか三万余ながら、古代、若狭国の国府（首都）が置かれ、国分寺が建ち、その寺跡が、かつての名残を留《とど》めます。

「海の見える京都」との評がこの街にあります。平安時代の『延喜式《えんぎしき》』神名帳《じんみょうちょう》に見える若狭一宮若狭彦神社《いちのみやわかさひこ》と若狭姫神社をはじめ、和銅七（七一四）年創建の神宮寺《じんぐうじ》、枯山水《かれさんすい》の古寂な萬福寺、林泉《りんせん》庭園が優美な円照寺ほか、歴史ゆかしい飯盛寺《はんじょうじ》、長源寺、長慶院、矢田寺、正林庵など。それぞれ国宝・重要文化財指定の建造物や仏像などを保存する寺院が点在します。

神宮寺は、若狭彦神社の別当寺《べっとうじ》ですが、有名な奈良東大寺二月堂で催す修二会《しゅにえ》のお水取りの水はこの寺から送るとの言い伝えがあり、いまもお水取り十日前の三月二日に「お水送り」行事が寺院僧侶の手で行われます。神社の祭神遠敷明神《おにゅうみょうじん》が二月堂への神々の集合に遅参したお詫びに水を送ったとの伝説によるもので、ここが水源という「鵜の瀬」と呼ばれる淵が遠敷川の川端にあり、はるばる送られてきた水を汲む「若狭井」が二月堂脇にあります。

思うに、水の流通より、若狭と大和の人と文化の密なる交流が生んだ言い伝えでしょうか。大陸文化が、また諸国の諸物資が、若狭の敦賀や小浜を介して平城京へ頻繁に運ばれた歴史がしのばれます。

山に囲まれた大和平野の藤原京や平城京にとって、若狭の海から運ばれてくる魚介類は貴重な食料でした。天皇家や大社大寺に献じる御贄《みにえ》にも、若狭の海からもたらされた海産物が多々ありました。沿海の塩も日常欠くべからざる貴重品です。

小浜では「京は遠ても十八里」

平安時代になり、都が山城盆地へ移っても同様でした。むしろこちらのほうが若狭からは近く、近世、「京は遠ても十八里」の言葉があります。その十八里（約七十二キロメートル）の道とは、小浜から遠敷、上中《かみなか》、熊川宿、水坂《みさか》峠、朽木《くちき》宿、花折《はなおれ》峠を経て高野川沿いに大原へ。さらに八瀬と下って、流れが賀茂川に合流する今出川通りの出町柳《でまちやなぎ》に出るコースで、若狭街道の名があります。

この街道が一名「鯖《さば》街道」と呼ばれるのは、小浜の海で水揚げされたサバが馬方によってこの街道から京に運ばれたことに由来します。美味な若狭のサバは都では上下を問わず賞翫《しょうがん》されました。もちろん、他の魚介類も毎日小浜から運ばれました。

街道はここだけではありません。小浜から神宮寺・若狭彦神社の脇の遠敷川を遡り、根《ね》来坂《ごりざか》峠から針畑川《はりばたがわ》、経ヶ岳、久多《くた》、花脊《はなせ》峠を経て、鞍馬《くらま》から京に下る鞍馬街道もあります。若狭街道より険しいが、より近道だといいます。

福井県若桜町の熊川宿（提供：共同通信社）

敦賀からと同様、琵琶湖の舟運を併用するコースも古くからありました。小浜から琵琶湖西岸の今津（現・高島市今津町）に行き、船で大津に渡り、陸路京に出るルートです。発着場が今津に近い勝野や木津であったとのことですが、このルートが大和往来にもつながってもいました。他に、舟運によらず西湖岸を陸路坂本や大津に向かう道も使われました。

小浜という港町は、古代から連綿と大和とも山城とも結び付いて、「小浜なくして都の暮らしなし」との歴史があったのです。

日本海沿海の中心的港に躍進

小浜港の利用度は、平安時代になっていっそう増しました。この時代、朝廷の高位高官や大社大寺が私領地の荘園を持つようになり、各地に散在する荘園からの年貢が、京や畿内に住む領主のもとへ届けられることになりました。米その他、年貢は量が多大で、陸路よりは効率的に海路を船で運ぶ方法が採られたのです。

本州の真ん中にあって、都への海の玄関口である小浜と敦賀には、日本海に面する国々からの年貢を積んだ船が、東からも西からも渡来するようになりました。

とはいえ、造船技術が熟さぬ時代、遠国から小浜・敦賀まで直行は至難でした。途中の港に立ち寄りながら、天候や潮位をうかがい、食料の調達を図りつつ航行します。自然、沿岸各地の港が賑わい、港同士の交流が密になり、さまざまな土地の特産物が流通しました。

それら多彩な名産品が小浜・敦賀に届き、それがまた京や周辺に運ばれます。小浜・敦賀を中核とする日本海舟運の全盛期の到来です。室町時代には荘園が衰えましたが、戦国、江戸時代になっても、諸大名の蔵米や各地の産物の輸送で活況を呈しました。

しかし、寛文十二（一六七二）年の河村瑞賢《かわむらずいけん》による西廻り海運の開発は、小浜・敦賀を米・物資陸揚げの終着地から、東西往来の一寄港地に変えてしまいました。蝦夷地からの北前船も、若狭・近江・京とその周辺が求める米や魚肥などを港に揚げるのみで、さっさと西国へと向かったのです。

北前船船主の経済的貢献

以来、港は勢いを弱めましたが、小浜は江戸時代前期、三代将軍家光の側近で、幕府大老を務めた酒井忠勝が武州川越から寛永十一（一六三四）年に入部し、以来、名門酒井氏十一万石の城下町として幕末まで栄えた土地柄です。酒井氏の前は慶長五（一六〇〇）年に入部した京極高次が藩主で、室町時代後期には武田氏が若狭国守護（一四四一～一五六七）として統治しました。

ただ、統治者の勢威は、江戸時代も半ばを過ぎると、諸国いずれの藩も財力を弱め、いわゆる御用商人の財力にすがるようになります。折から、海運の発達により各地に豪商と謳われる船主・廻船業者が登場し、江戸末期には北前船船主の大名家への貢献が目立つようになりました。

小浜では、古河《ふるかわ》（嘉大夫）家が藩御用船主として名高く、藩米の輸送はもちろん、蝦夷地や奥州へ進出し、近江商人に負けじと松前城下で場所請負人となり、津軽藩・秋田藩でも御用を務め、小浜藩では米手形役所頭取に就きました。もちろん代償としての御用金の調達も大きく、藩財政の多くを賄《まかな》いました。わが国の北前船の歴史は、とりもなおさず江戸時代後期の、幕藩経済への貢献史でもあったのです。

北前船歌詞集――小浜

してな踊り

アレワイナー　コレワイナー　ソリャ　ヨーイトセー
してな　してなと　踊っておくれ　アー　ヨイヤナー　ヨイサッサエー
してなの踊りは　鳥浜《とりはま》生まれ　アー　アリャーア　ヨイヤナー　アーノ　ヤレトコセー
三方《みかた》の五湖《うみ》で　産湯《うぶゆ》を使い　アー　ヨイヤナー　ヨイサッサーエ

いまに伝わる　名物踊り　アー　ヨーイヨーイ　ヨイヤナー　アレワイナー　ソリャ　ヨーイトセー
してな　してなと　寄り来る人は　年を忘れた　みな粋《いき》な人
櫓《やぐら》の上を　ちょと見やしゃんせ　音頭太鼓は　ええ男
してな　してなと　若狭の道は　何か恋して　今宵も立てぬ
ついでに梅もぎ　叩きの漁も　姉さ被りに　恋を知る

【ひとくち解説】

小浜市東隣の三方上中郡《みかたかみなかぐん》若狭町鳥浜の盆踊り唄。七・七・七・七で五で止める古式の歌謡である。「してな」の名の唄は、青森県八戸市の「えんぶり」のエンコエンコ踊り、伊豆諸島神津島《こうづしま》の踊り唄、香川県の田唄、沖縄県伊江島《いえじま》の踊り唄に見え、かなり古く各地に分流した唄のようだ。

八戸以外、いずれも「ヨイヤナ」の囃子詞を添えるところは、西日本沿岸地域に多くうたわれた「よいやな節」に通じる。唄の詞型も共通するものが多い。「よいやな節」は祝いの席でよくうたわれた。越前地方の農村でうたわれる「菜種の花」なども七・五調ながら同類である。

小浜周辺の伝統芸能・行事

王《おお》の舞《まい》・田楽《でんがく》・獅子舞

三方上中郡若狭町気山《きやま》宇波西《うわせ》神社や同町闇見《くらみ》神社、同町藤井天満社、三方郡美浜《みはま》町彌美《みみ》社など、若狭湾沿岸各地の春祭で演じられる古雅な舞。鳥兜《とりかぶと》を冠った鼻高朱色の天狗面の舞人が、手にした鉾を大きく回して力強く突き、鉾を置き、二本指を立ててキッと伸ばす舞楽の剣印《けんいん》に似た型を示す。魔を抑え払う所作という。古代に大陸から伝来した伎楽《ぎがく》の「治道《ちどう》」や舞楽の「振鉾《えんぶ》」などの血脈を引く芸能と思われる。

平安時代末から鎌倉時代にかけて、大社大寺の祭礼・法会《ほうえ》で行列の先導役を務め、芸能の場では、田楽・獅子舞とともに演じられた。若狭に伝来した王の舞にも田楽・獅子舞を伴うものがあり、宇波西神社の田楽はビンザサラ（薄板を並べて紐を通し、両手で摺り鳴らす楽器）四人、小鼓一人、締太鼓二人が組んで踊る。獅子舞は獅子頭《ししがしら》に幌《ほろ》を垂らし、中に二人の舞人が入って舞う。

雲浜獅子《うんぴんじし》

長野県中部以北の東日本には数多く、西日本地方には皆無の三頭《さんとう》獅子舞が小浜市に伝承されている。三頭獅子舞は、雄獅子二頭、雌獅子一頭の組み合わせで、それぞれ頭上に小さい獅子頭を載せ、腹に吊るした小太鼓を打ちながら踊るもの。

小浜では老・若の雄獅子が雌獅子をわが物にと争い、十六段の唄に乗って踊り狂う。獅子は顔の前に水引《みずひき》と呼ぶ布を垂らし、背中に二本の幣束《へいそく》を差す。また、獅子追いと呼ぶ唄い手数人と笛吹きが伴奏する。

武州川越藩主であった酒井忠勝が、小浜入部に際し連れて来た踊り衆が関東組の名のもとに伝承してきたものという。小浜市竹原小浜神社の祭り（五月一日）で演じる。

手杵祭《てぎねまつり》

小浜市矢代の四月三日の祭り。一名「葬式祭り」とも呼ばれる。昔、唐土（中国）から漂着した船があり、乗っていた王女を村人が殺して船を砕いた。ためにその祟《たた》りで村が災厄に悩まされたので、罪を悔いた村人が船材で観音堂を建て、王女の御霊を弔《とむら》う祭りを営んだという。

その祭りは、歯朶《しだ》の葉をかむり、墨で隈取《くまどり》をした手杵棒振り一人、弓矢持ち二人が広場に出、漂着した船形を担いだ男に加え、王女と侍女八人の上臈《じょうろう》（高級女官）と大太鼓・笹持ちが出てきて、往時の惨劇の様を広場と観音堂の前で象徴的に演じる。村の先祖の過ちをあえて再演して非を詫び、怨念の鎮静を祈る儀礼である。大陸からの漂流が数多く見られた日本海沿岸地域の、住民の処し方と心意がしのばれる。

六斎念仏《ろくさいねんぶつ》

盆や地蔵盆などに、小浜市内や三方・若狭町などの街頭で行われる芸能。六斎日《ろくさいにち》は人の慎むべき月の内の八・十四・十五・二十三・二十九・三十日を意味し、中世以来、この日は死霊・怨霊の鎮魂のために念仏を唱え、鉦と太鼓を叩いて街路を踊り歩く風習が京の内外で見られた。それが若狭に伝播して各地で盛んになった。

子どもだけの組、大人・子どもの混成組、また男に女が混じる組がある。鉦・太鼓を打ちながら踊るもの、踊りを伴わないなどさまざまで、いまは街の楽しい踊り会の観がある。

第4章　島根県〜山口県　編　〈隠岐〜三田尻〉

隠岐《おき》――島根県隠岐郡隠岐の島町ほか

心優しき人々が住む群島

隠岐《おき》は優しい島の集まりです。東に一番大きな島後《どうご》と呼ぶ島（隠岐の島町）、西に知夫利島《ちぶり》（知夫村）、中ノ島（海士町《あま》）、西ノ島（西ノ島町）の、三つ合わせて島前《どうぜん》と呼ぶ島群があり、周辺に何とおよそ百八十もの小島が、親犬にじゃれつく小犬のように点在しています。隠岐諸島と呼ぶにはお互い間近く、行政は個々別々に行いながら、仲違いすることもなく、困ったときには助け合う優しい島グループです。

その優しさの象徴は、神社の御遷宮や慶事に催される古典相撲大会です。島中の村落が参加して代表選手が取り組むのですが、どれも一勝一敗で終える決まりになっています。勝ち負けなしで、後にしこりを残さず円満にとの心配りからです。本州と海を隔てること六十キロメートルの離れ島の孤独が、群れの絆を強めるのでしょうか。

貴人たちが配流された島

隠岐は古代律令《りつりょう》制の下では隠伎（意伎）国とされ、国府を島後の現・西郷町下西《しもにし》に置きました。朝廷との結びつきは深く、島で獲れるアワビなどの魚介類を宮廷祭祀の神饌《しんせん》やさまざまな節会《せちえ》の饗膳《きょうぜん》の食材に献じ、それの採取、海上輸送、調理にも長《た》けた隠岐の海人《あま》が重用されました。

都との往来には、都と隠岐国府を結ぶ官道として、山陰道→杠北道《おうほくどう》→美保関《みほのせき》千酌《ちくみ》→（海路）→島後国府のルートが拓かれました。

隠岐の国造《くにのみやつこ》（世襲の地方官）の家系で、中世には守護代として統治に預かった億岐《おき》家には、官人が官道を旅するとき、途中の駅《うまや》に用意された駅子や駅馬を徴発するのに鳴らす朝廷下賜《かし》の駅鈴《えきれい》（重要文化財）が保存されています。海ははるかな都の文化も絶えず島に流入していたのです。

ただ、一方で、あの佐渡と同様、「遠流《おんる》」の地と指定され、重罪人がはるばる送られてきました。古代の有名人に、平安前期の文人で遣唐副使にもなった小野篁《おののたかむら》がいます。中世には、鎌倉前期に起きた承久《じょうきゅう》の乱で鎌倉幕府に敗れて配流された後鳥羽上皇、鎌倉後期に幕府と戦って配流の憂き目を見た後醍醐天皇の例がありました。なお、後醍醐天皇は二年後に隠岐を脱出して建武の新政を成就させます。

近世には下級武士や一般庶民の「遠島《えんとう》」を数多く見るようになりましたが、赦免になって帰郷したあとに、島を懐かしんでUターンして永住する者もいたといいます。流刑人にも分け隔てなく接した島びとの心優しさの表れです。

北前船により一大商港に成長

隠岐から本州へは、島根半島東端の美保関への海路が古代からのメインルートでした。古くはそこから陸路山陰道を通って都へ向かうのが公道とされましたが、造船・航海術が発達するにつれて、年貢・物資の大量輸送が図れることから、美保関から沿岸の港伝いに若狭《わかさ》の小浜《おばま》へ海路を往くルートが重用され、小浜からは陸路と琵琶湖渡りを経て畿内に入るコースが選ばれようになりました。

隠岐には、島前の島々にも深い入り江の良港があり、本州はもちろん朝鮮半島や中国東北部からも船の出入りがあったようです。

江戸時代中期、西廻り航路が開かれ、日本海沿岸を北からも南からも大型の千石船が往来するようになると、隠岐は風待ち港に指定されました。たしかにあの広い荒海の真っただ中にポツンとあって、しかも恐ろしい偏西風を避ける好条件を備えていたので、積荷を満載した大船には願ってもない避難所でした。そればかりか、隠岐は米があまり収穫できず、それに代わる海産物が多量に獲れ、干鮑《ほしあわび》・鯣《するめ》・イリコなどが珍重されたので、求めるもの、出すものの必要に応えて寄港する廻船が数多くありました。また、有力な廻船業者も現れました。単なる風待ち港ではない日本海上の一大商港に隠岐は成長したのです。

多彩な芸能文化が花開く島

現在隠岐には、国の重要無形民俗文化財の指定を受けている芸能として、島後隠岐の島町池田の隠岐国分寺蓮華会舞《れんげえまい》と、島前西ノ島町美田《みた》・浦郷の田楽《でんがく》・庭の舞があります。また、県指定の芸能には、島前海士町福井の島前神楽《かぐら》、島後隠岐の島町原田の原田神楽、同町久見《くみ》の久見神楽、同町玉若酢命《たまわかすみこと》神社御霊会風流《ごりょうえふりゅう》、同町水若酢《みずわかす》神社祭礼風流があります。なんと多いことでしょう。古代・中世に畿内に栄えた舞楽・田楽・風流・神楽の芸脈が、ここに郷土化されて生きているのです。伝わったのが何年何月とは知れません。誰から誰へともわからず、島に次々伝播したものを代々の島びとがしっかり受容して、大事に、心いっぱいに育てた精華なのです。

北前船往来以後もそうです。隠岐に下船した船乗りたちは寄る港々で覚えた唄を自慢げに放吟《ほうぎん》し、乗船の遊芸人は訪ねる遊里・宿・豪家で本州流行《はや》りの歌舞音曲をあれこれ披露しました。一般旅客も訪問家での座興芸で、芸能伝播の一端の役割を無意識に担ったのです。

隠岐の住民は、何事にも意欲満々、情熱に富むといわれています。聴くもの見るものに心躍れば、積極的に吸収し、情熱を注いでわが郷土文化にしてしまう能力を備えていました。それがいつの間にか、隠岐を芸能の島に創り上げたのです。

数多くの民謡が次々誕生したのもその成果です。祝いの席で古くからうたわれた「どっさり節」は、新潟・富山などにも流布する「こだいじん」が元唄だとされます。島後の花《か》街《がい》でもうたわれた情緒たっぷりの「しげさ節」は、越後柏崎などにあった「しゅげさ節」

が運ばれてきたものかといわれています。

現在、「隠岐祝い音頭」の名で愛唱される「伊勢音頭」はその名の通り、伊勢神宮御遷宮のお木曳《きび》きの「木遣《きや》り唄」を諸国巡回の願人《がんにん》坊主が流行り唄化したもの。「隠岐追分《おいわけ》」は、松前江差港《まつまええさし》の「追分節」と同系統の唄が遊芸人によって運ばれてきたものでした。「キンニャモニャ」という珍妙な名の唄もありますが、これは九州熊本で流行したお座敷唄の「キンニョモニョ」を移入したものと思われます。

北前船歌詞集——隠岐

どっさり節

忍び出よとすりゃ　烏《からす》めがつける　まだ夜が明けぬに　かおかおと　サーノーエ
憎やコレワイ　どーじゃなー　八幡《はちまん》のナア　チョイト森烏《もりからす》サーノーエー
大山《だいせん》お山から　隠岐の国見れば　島が四島《よしま》に　大満寺《だいまんじ》　中の小島に　長者ある
今宵一夜が　名残の湊　明日はいずこの　波枕　離れともない　隠岐の島
お客望みなら　やり出でてみましょ　当世はやりの　広大寺《こだいじ》を　唄に不調法な　わ

しなれど

【ひとくち解説】

隠岐島の古い民謡。祝いの席でもうたわれたが情趣に富む曲調が心に染みる。越後の瞽女衆《ごぜしゅ》がうたい広めた「新保広大寺《しんぽこうだいじ》」が「古代神《こだいじん》」「小大尽《こだいじん》」などの名で各地に伝播し、隠岐島にもその種が伝来して座敷唄となり、「どっさり節」の元となったという。

隠岐追分

沖じゃ寒かろ　着て行かしゃんせよ　キタサーエ　キタサーエ　わしの部屋着の
この小袖
「（ハヤシ）十日も廿日も　時化《しけ》込め　どっさり」
情架け橋　手に手を取りて　渡りゃ世の中　まんまるに
呑めよ騒げよ　上下戸《じょうげこ》なしに　嬉しめでたの　酒じゃもの

【ひとくち解説】

祝いの宴席でよくうたわれる。中山道《なかせんどう》と北国《ほっこく》街道の分かれる長野県軽井沢町追分宿《おいわけじゅく》で発祥した「追分節」が、越後新潟から海路北へも西へも伝播した。隠岐へは北前船の舟子衆が運んだものか。遊里の座敷唄。客と酌女とのやりとりをうたう。

隠岐周辺の伝統芸能・行事

蓮華会舞

隠岐の島町池田の国分寺《こくぶんじ》に伝わる郷土舞楽。弘法大師の忌日に当たる四月二十一日、境内の仮設舞台で演じる。隔年で表の年には「眠り仏《ぼとけ》」「麦焼き舞」「獅子舞」「貴徳・山神」「龍王」「太平楽《たいへいらく》」「仏舞」の七曲、裏の年は「眠り仏」のみ。

「眠り仏」は、菩薩面の少童が居眠りするところへ獅子が尻を嚙み、両者が相撲を取って引き分ける。「麦焼き舞」は、作業着姿の老翁が麦の播種《はしゅ》から穂叩き・麦焼きまでの農耕次第を演じるもの。他は大陸伝来の左舞《さまい》・右舞《うまい》の面影を見せる舞で、すべてが相当古い時代に中央から伝来した伎楽《ぎがく》・舞楽が島のなかで咀嚼《そしゃく》され、郷土化したものと想像される。

国の重要無形民俗文化財に指定されたが、平成十九（二〇〇七）年二月、本堂が火災に遭い、仮面・諸道具を焼失。その後、檀徒など地元の努力で復興を見つつある。

西ノ島の田楽・相撲・獅子舞・庭の舞

西ノ島町三田尻の美田八幡社では、九月十五日に近い日曜日の祭りに十方拝礼《しゅうはいら》と呼ぶ田楽を演じる。ビンザサラ・コザサラ・鼕《どう》・笛の楽とともに総勢十二人が踊るもので、中世、都で流行した田楽踊りのにおいを伝えるものである。

この田楽に先立って、紅白の褌《ふんどし》を締めた幼児二人が柏手《かしわで》を打って小幣《こぬさ》を交換する神の相撲を行い、次に二人立ちの獅子舞を演じる。

同じ西ノ島町浦郷の日吉神社でも、隔年の旧九月九日に近い日曜日の祭りで、神の相撲と十方拝礼の田楽を行う。また、ここでは最初に侍烏帽子《さむらいえぼし》に直衣《のうし》姿の六人が庭の舞を披露する。宮廷歌舞の東遊《あずまあそび》の「駿河舞《するがまい》」の歌詞を採った詞章を唱えながらの古風な舞である。

隠岐神楽

隠岐の神楽は、かつて病気平癒、豊作、大漁祈願などの儀礼にあずかった社家《しゃけ》が、祈禱の一環として演じた芸能である。島前の三つの島に五家、島後に十三家あったが、明治の宗教改革で漸次《ぜんじ》廃《すた》れた。

幸い志深い住民による保存会が立ち上がって維持され、神社の祭礼や依頼を受けての催事に演じている。特に島前では、八畳間のうちのわずか二畳を舞場とし、神の依る玉《ぎょく》蓋《かい》の下で、式の神楽（前座七舞・式三番《しきさんば》の能・岩戸の能）、式外の能（恵比寿・切部・佐陀など）、葬祭の能（八重垣・石山など）、巫女《みこ》神楽などを舞う。

島後の久見神楽は神楽殿を舞場とするが、前座舞のあと、猿田彦舞・八乙女舞・鬼退治などを演じる。全国各地の神楽に影響を及ぼした出雲流神楽の古い姿を留《とど》めているといわれる。島後には、他に東郷神楽・今津神楽の伝承活動も見られる。

美保関《みほのせき》——島根県松江市美保関町

風待ちもできる天然の良港

青空の下、北に日本海、南に美保湾と中海《なかうみ》を望見する島根半島東端の美保の岬に立つと、まさにここが天と地の境かと実感します。

太古、ここで魚釣りをしていた出雲の国主の跡継ぎである事代主命《ことしろぬしのみこと》が、天界の高天原《たかまがはら》から来た神の使いの求めに服して、海に身を投じて平和裏に国譲りを果たしたと、『古事記』には記されています。そんな神話を、いまも祭礼として伝える美保神社の鎮座する美保関です。命《みこと》は海上鎮護の神と仰がれ、港は東航西航の船を見張る関所の役を担いました。

港の背後の山上には、かつて五本松がそそり立ち、「関の五本松」と呼ばれて航海の目印となっていたのですが、江戸時代、松江の殿さまが道中の邪魔だと、一本を切らせてしまいました。それを嘆いた漁師たちが「一本伐《き》りゃ四本／あとは切られぬ夫婦松《めおとまつ》」とうたったとの伝説があります。そして、それを唄にまとめたのが民謡「関の五本松」でした。

美保関は波穏やかな天然の良港で、日本海特有の偏西風を避ける風待ちの港でもあったので、荒天の最中、集まる北前船の船子たちの間でこの歌は愛唱されました。

浜を上がってすぐのところにある青石を敷き詰めた通りには、船宿を兼ねた廻船問屋が軒を連ね、幕末から明治初期にかけて、この通りは弦歌さんざめく歓楽街として名を馳せたものです。

北前船歌詞集――美保関

関の五本松

ハアー関の五本松　ハ　ドッコイショ　一本伐りゃ四本　あとは切られぬ夫婦松
ショコ　ショコホイノ　マツホイ
関はよいとこ　朝日を受けて　大山《おやま》おろしが　そよそよと
関と境に一本橋架けて　一夜《いちや》通いが　してみたい

一夜泊りが　つい二晩《ふたばん》に　美保は四《よ》いとこ　五《いつ》までも
関の御崎《みさき》に灯台あれど　恋の闇路は照らしゃせぬ

【ひとくち解説】

甘い情緒の匂う座敷唄。松江市美保関港は北前船の寄港地で、日本海沿岸の港々の近隣交流の要《かなめ》でもあった。隠岐通いの船も出入りし、漁の守護神美保神社への参詣客も多く、青石畳《あおいしだたみ》を挟む旅籠《はたご》や料亭が賑《にぎ》わい、芸妓も多く弦歌の音が絶えなかった。遊客と芸妓との恋の戯《ざ》れ唄が数々残されている。

美保関周辺の伝統芸能・行事

諸手船《もろたぶね》と蒼柴垣《あおふしがき》の祭り

島根県松江市美保神社には、『古事記』にある「国譲り神話」を二つの野外ページェントに仕組んだ祭りがある。

一つは十二月三日の「諸手船神事」。これは、天上界の高天原国が地上界の出雲国に国譲りを要求して天《あま》つ神の使いが出雲に出向き、美保の御崎《みさき》で釣りをする事代主命を訪ね、問答の末に承諾を得る様を表現する祭事である。

すなわち、六人ずつの楫子《かじこ》が乗船した二艘の諸手船（刳《く》り船）が、マッカ（真剣）持ちを中央に立たせて美保湾内を漕ぎ回し、途中、事代主の父神の出雲国主大国主命《おおくにぬしのみこと》を祀る客人《まろうど》神社を拝してのち、競漕して本社前の宮灘《みやなだ》に着岸し、待ち受けた宮司（事代主役）と楫子の代表大櫂《おおかい》（使い神役）が問答を交わして、宮司が国譲りを承諾するという展開である。

もう一つのページェントは、四月七日の「蒼柴垣神事」。これは、国譲りを承諾した事代主がその責を負って入水《じゅすい》する神話を表現したもの。事代主役の頭人《とうにん》が女房役の小忌人《おんど》とともに、青柴などを飾り付けた二艘の諸手船に乗って、船内で船番から化粧を施され、三献《さんこん》の盃《さかずき》と強飯《こわめし》が供される。頭人と小忌人は、事前の厳しい潔斎《けっさい》で恍惚《こうこつ》状態にあり、船は若者の曳き綱で宮灘《みやなだ》（美保湾）に向かう。岸辺でサルタヒコとウズメノミコトの出迎えを受け、そののち本社に還る。入水した事代主神の死と復活を暗示した祭りだという。

安来《やすぎ》――島根県安来市

安来節で全国に名を売る

美保関から船で境港との間の水道を抜けると、汽水湖《きすいこ》（海とつながり塩分を含む海水の湖）の中海が広がります。面積八十六・八平方キロメートル。その中心の港町が安来市《やすぎし》です。ヤスギといえば、「ああ、あの安来節の」と誰もが答えます。加えて「ドジョウ掬《すく》いの踊りが付く唄でしょ」と笑います。そうです。豆絞りの手拭いを被り、鼻先に古銭をくっつけたヒョットコ顔の男が野良着姿で腰にビク（魚籠）をぶら下げ、笊《ざる》を頭に乗っけてヒョコヒョコ舞台に出てきて、ドジョウを掬うまねごとをする――。

ヌラリクラリと逃げるドジョウを捕まえては逃す格好が滑稽で、まさに魚の泥鰌《どじょう》掬いのパフォーマンスを感じるのですが、識者によれば「いや、あれは土壌《どじょう》掬いで、川底の

民謡民舞交流大会で「どじょうすくい」を演じる安来節保存会（2008年10月5日、島根県、提供：毎日新聞社）

砂鉄を含んだ土を箕《み》で掬い上げる作業を表すのが大元の姿だった」と解説します。

そういえば、安来の背後の奥出雲の山間部は、花崗岩《かこうがん》類を源岩とする良質の砂鉄が豊富に採れ、風を送り込んで木炭の火力を強めるタタラ製鉄法で砂鉄を精錬して、すばらしい鋼鉄を生むことで有名でした。だから、踊りは砂鉄の土壌掬いだというのも説得力がありますが、「いやいや、これは座興の泥鰌掬いだから楽しいのだ」と目を細めるしゃれっ気が、いかにも安来っ子らしい大らかさといえます。

鋼《はがね》を造り続けて数百年。あの戦乱に明け暮れた室町時代の中・末期は、刀剣・鉄砲・甲《かっ》冑《ちゅう》などの材を求めて東北・北陸など遠国の船も来航しましたが、江戸時代になると鋼の需要が一段と増し、北前船もまたその鋼の積み出しと諸国への販売で利を稼ぎました。

安来は松江藩の米の積み出し港でもあり、出船入船で年中賑わい、「安来千軒」と謳われた宿場の遊里では、出雲沿岸の港々で流行った「出雲節」や、明治初年頃に鳥取の境港の芸妓だった、美声のさん子がうたい始めた「さんこ節」が流行り、それらが元になって「安来節」の原調が生まれたと伝えます。

特に、安来の料亭主人の渡部佐兵衛と、その娘の糸が節を整え、明治末年には「正調安来節保存会」も設立されました。糸が保存会のリーダーとして全国を巡業し、大正五（一九一六）年に演芸の街東京浅草へ進出すると、人気沸騰。やがて木馬館《もくばかん》で定席を持つまでになったのです。

北前船歌詞集——安来

安来節

安来千軒　名の出たところ　社日桜《しゃにちざくら》に十神山《とがみやま》　アラ　エッサッサ

出雲名物　荷物にゃならぬ　聞いてお帰り　安来節
安来港にゃ　錨《いかり》はいらぬ　十神水雲《もずく》で　船つなぐ
十神お山に　花衣《はなぎぬ》着せて　添わせたいぞえ　出雲富士

【ひとくち解説】

安来生まれの渡部糸（明治九〈一八七六〉年生まれ）が、三味線の富田徳之助とともに浅草の寄席に進出して、人気を集めて名を高めた。技巧ふんだんの芸謡で、鼓が間拍子をきざむ。

歌詞にある十神山は港近くの円錐形の山容が美しい小山。添わせたい出雲富士は中海を隔てた枕木山《まくらぎやま》のことをいう。三首目三の句の「水雲」は酌女の暗示。

安来周辺の伝統芸能・行事

月《つき》の輪神事《わしんじ》
八月十四日から四日間、安来市安来町の町を挙げての祭礼。三日月形の飾り物と紙提灯《ちょうちん》を付けた鉾《ほこ》を立てた山車《だし》を殿《しんがり》に、町内四地区の山車が鼕《どう》・大鼕・笛・三味線の囃《はや》子《し》も賑やかに練り回る。

曳き子は青少年。山車の後には三日月形提灯と高張提灯を手にした者が数十人従って、「エンヤエンヤ、デコデットヤー」と囃《はや》して歩く。町の特設舞台では「安来節」などの唄や踊りで盛り上がる。

温泉津《ゆのつ》——島根県大田《おおだ》市温泉津町

石見《いわみ》銀山で栄えた湯の港町

鋼の安来に対して、銀の積み出し港として知られた港が島根県の中西部、現在大田《おおだ》市に編入された石見《いわみ》の温泉津《ゆのつ》港です。

いまは静かな漁港ですが、世界遺産に登録された石見銀山が背後の山間部大森にあり、ここは十六世紀に、山師三浦清右衛門と博多商人神谷壽禎《かみやじゅてい》によって開発されて以来、世界第二位の産出量を生み、貨幣価値の高さからも求める地域は国内にとどまらず、海外への輸出の道も開かれました。

江戸時代、幕府直轄領となった銀山の幕府上納銀の江戸への搬出は、備後の山を越して瀬戸内の尾道《おのみち》港から送るコースを採りましたが、戦国末期に毛利氏が選んだ温泉津沖泊からの搬出は、日本海に面した湾の底深く、重量船を係留するのに適して重宝されました。ただ、銀山の産出量は年々急減し、北前船の活躍する幕末には年間百貫そこそことなり、明治期には停止状態に陥りました。かつて三十軒もの廻船問屋が軒を連ねた街並みと、温泉津の名が示す豊かな温泉が、昔の風情と情緒を伝えて旅人の心を癒します。

北前船歌詞集——温泉津

温泉津小唄

サアサエー　石見温泉津は　コラサット　湯のわくところ　ハ　ソウトモソウトモ
旅の疲れも　湯で流す　湯で流す　ヤ　コラサノサ　温泉津は　ヨイトコサノサッサ

浪のしぶきに　櫛《くし》けずられて　名さえ櫛島　いとし島　いとし島
向う笹島　日の入る頃は　磯の千鳥もぬれて鳴く　ぬれて鳴く
温泉津港にゃ　錨はいらぬ　人の情けで　船つなぐ　船つなぐ

【ひとくち解説】

湯の街温泉津をうたった新民謡。野口雨情が亡くなる二年前の昭和十八（一九四三）年四月、地元の俳人山口打聴《だちょう》の招きで温泉津を訪れ作詞した。昭和三十二（一九五七）年、時の町長内藤淳作の働きでビクターレコードが、大村能章の作曲、市丸の唄で音盤化。町では雨情を敬慕し、港近くの、ゆう・ゆう館（文化資料館）そばの海岸に雨情自筆の歌詞を彫った碑を建立した。

歌詞の「櫛島」は、櫛状に削られた岩石に打ち上げる波が評判の島だ。「笹島」は湾西方の岬の先にある島。音盤の裏面は、同時に作られた「温泉津音頭」で、富吉いちろう作詞・大村能章作曲、曽根史郎・市丸の歌唱。現在盆踊りや傘踊りにうたわれている。

温泉津周辺の伝統芸能・行事

石見神楽

神楽の盛んな島根県では、東部の出雲神楽に対して、西部の石見地方のものを区別して石見神楽と呼んでいる。前段に、素面《すめん》の舞人が幣《ぬさ》や笹・鈴などの採り物を手にして舞い、後段に仮面の神々が活躍する神能《かみのう》を演じるのは東西同じながら、装束が豪奢で、動きも囃子も豪快かつ迅速。舞の構成も劇的展開に富み、すべてに派手なエンターテインメント性が見られるのが石見神楽の特色である。若い世代にも好まれ，新作も上演される。

県内外に百を超す演じる団体がある。石見銀山のある大田市内にも、江戸時代宝暦年間（一七五一〜六三）からあるという宅野《たくの》神楽（仁摩《にま》町宅野）や、元治元年（一八六四）年創始の大屋《おおや》神楽社中（大屋町）をはじめ、明治十二（一八七九）年創始の土江《つちえ》こども神楽団（長久町土江）など十団体あり、なかでも平成九（一九九七）年創立の温泉津舞子連中《まいこれんちゅう》（温泉津町）が伝承活動を活発にしている。毎週土曜日夜の温泉街龍御前神社での「ゆのつ温泉夜神楽」上演や、福光海岸での八月の篝火《かがりび》を焚《た》いての海神楽などで人気を集める。

温泉津盆踊

八月十三〜十五日、櫓《やぐら》の音頭取りの口説《くどき》唄に乗って輪になって踊る。いずれも説話・事件などを題材にした叙事詩を唄に詠む口説唄で、「えびや甚九《じんく》・坊主落し」「那須与一」「石堂丸」などがある。古風な節回しと振りが楽しめる。

下関《しものせき》——山口県下関市

物資が交差する海の関所下関

本州の西南端山口県下関《しものせき》は、古くは赤馬関《あかまがせき》、別称馬関《ばかん》といい、明治二十二（一八八九）年に赤間関市となり、六年後に下関市と改称しました。

古代、市の中心部から北東へ八キロメートル離れた長府に国府が置かれました。地理的に、都に通じる瀬戸内海の入り口で、かつ狭い海峡を隔てて北九州と対面し、日本海側へ回れば朝鮮半島に近いとあって、わが国の海の関所「周防上・中・下三関」の一つとして重要視されました。

室町時代には、西国の守護大名大内氏と明国《みんこく》が交わした割符《わりふ》による勘合《かんごう》貿易の拠点として栄え、江戸時代の寛文十二（一六七二）年に西廻り海運航路が開かれるや、日本海沿岸各地から京・大坂方面へ向かう船がすべてここに寄港し、九州からの船も合流して賑わいました。

明和四（一七六七）年の『長崎行役日記』（長久保赤水）には、「人家数千軒、平素入津の舟数数百艘、繁華大坂に類せり」とあります。その後、幕末期に向けて北前船全盛の時代になると、蝦夷《えぞ》・奥羽《おうう》からニシン・昆布などを積んだ船と、瀬戸内から塩・畳表・酒などを積んだ船、さらに九州から藺草《いぐさ》・鰹節《かつお》などを積んだ船が当地で相互に販売もし、また行く先の地の価格の情報を交換したりもしました。

加えて、各地から運んできた米の取引市場が開かれるなど、下関は一大貿易センターの観を呈しました。

雌雄を決した源平の渦潮

しかし、この海の関門は、ときに海上争乱の場にもなりました。かの文治元（一一八五）年三月、源平合戦の最後となる壇ノ浦の戦いを見たのは、海峡の東端に臨む早鞆《はやとも》の瀬戸の沖合でした。幼い安徳天皇が平家方の二位尼《にいのあま》に抱かれて入水し、その御霊《みたま》を祀る市内の赤間神宮では、いまも四月二〜四日に慰霊の先帝祭《せんていさい》を催し、女官が遊女になって墓参したとの故事にちなむ華やかな上臈道中《じょうろうどうちゅう》が行われます。また、平家一門への思いを込めた盆踊り唄「平家踊り」が伝えられています。

尊攘運動を支えた廻船問屋

一方、開国か攘夷かで国中が揺れ動いた幕末の文久三（一八六三）年五月十日、長州藩攘夷派・久坂玄瑞《くさかげんずい》などが乗り組む軍艦庚申丸《こうしんまる》と癸亥丸《きがいまる》が、関門海峡の田野浦沖に停泊していたアメリカ商船を砲撃し、二十三日にもフランス軍艦を、二十六日にはオランダ船を砲撃しました。

しかし、六月に入るや、攘夷隊は米・仏の報復砲撃を浴びて戦艦・砲台などを失いました。この危機に長州藩は対策に苦慮し、武士の無力を痛感した藩士・高杉晋作《たかすぎしんさく》は六月、下士・農漁民・町人混成の奇兵隊を組織して決起し、他にも任意の私兵隊が幾つも蜂起《ほうき》しましたが、藩は無統制を嫌って認めませんでした。

これを見て、地元の北前船の廻船問屋白石正一郎は、国防に敢然と立ち向かう晋作たちの軍費の拠出を申し出ます。海運が一国経済・文化の大動脈であった時代、港々を支えた廻船問屋・船主たちが、一方では四海を守る海防の戦士であろうと努めた心意気の一例です。

そのとき、長州藩の本拠萩では英・仏・米・蘭四国連合艦隊の来襲に備えて沿岸に土塁を築き、女たちも参加して「男なら／お槍担いでお仲間《ちゅうげん》となって／付いて行きたや／下関」などの唄をうたって気勢を上げたといいます。

いまも広く愛唱される民謡「男なら」です。しかし、この労働も空しく、元治元（一八六四）年八月、四国連合艦隊の来襲で長州藩は惨敗しました。

その後、条約により四国への賠償金は国の責任として徳川幕府が支払うことになり、四国が求めた開港場開設は回避され、下関の港湾機能は守られましたが、外国船の往来は自由となりました。こうして下関港は、内外交流の要港としての存在感を近代以後も示すようになり得たのです。

北前船歌詞集――下関

ヨイショコショ節

磨き上げたる　剣《つるぎ》の光　雪か氷か　下関　ヨイショコショデー　ヨサノサー　下関
三千世界の　烏を殺し　主《ぬし》と朝寝が　してみたい
梅と香りて　桜と散りゃれ　わたしゃ　いやだよ　柳武士

【ひとくち解説】

関門海峡で開港を要求する英・仏・米・蘭の反撃に決起した奇兵隊の武士の心意気を唄にした座敷唄。二首目の「三千世界の云々」の詞章は、奇兵隊のリーダー高杉晋作の戯れ唄である。三首目の終句の柳武士は、風次第で揺れる節操のない武士のたとえ。同系の唄は瀬戸内の広島県尾道市瀬戸田町高根島《こうねしま》などにもある。

男なら（オーシャリ節）

男ならお槍担いで　お仲間となって　付いて行きたや　下関

命の大事と　聞くからは　女ながらも　武士の妻
まさかのときには　締め襷《だすき》　神功《じんぐう》皇后さんの雄々しき姿が　鑑《かがみ》じゃないかいな
オーシャリ　シャリ
男なら　三千世界の　烏を死なし　主と朝寝を　してみたい
酔えば美人の　膝枕　醒《さ》めりゃ　天下を手で握り　咲かす長州　櫻花
高杉晋作さんは　男の男よ　偉いじゃないかいな
女なら　京の祇園か長門の萩よ　目元千両に　鈴を張る
というて天下に　事あらば　島田落して　若衆髷《まげ》　紋付き袴に　身を窶《やつ》し
神功皇后さんの　鉢巻姿が　鑑じゃないかいな

【ひとくち解説】

長州藩攘夷派の外国船砲撃に激怒して反撃する英・仏・米・蘭連合船団の来襲に備えて、国元の萩に土塁を築き、女も男に負けず戦支度《いくさじたく》で立ち向かおうとする気概と情熱をうたったもの。オーシャリは「おっしゃる通り」の意味の萩方言という。明治維新前後に流行した本調子三味線に乗せての甚句《じんく》の座敷唄で、萩で一時期うたわれたが廃れ、昭和十（一九三五）年、萩市史蹟産業大博覧会が開かれたとき、萩市の市川一郎助役が母親の記憶を元に復元したとされる。

下関周辺の伝統芸能・行事

平家踊り

早鞆の瀬戸で二位尼に抱かれて入水した安徳天皇を追慕して踊る盆踊り。西日本に特に多い七・七詞型で、史話・事件・情話などを長々とうたう口説の「頃は寿永の三年の昔、驕《おご》る者は久しからず、譬《たと》えのごとく、平家の軍勢云々」のうたい出しで始まる一曲。

二上がり三味線に二つの太鼓と酒樽が奇数リズムを刻んで、唄と踊りを面白く弾ませる。踊りは囃子を取り巻いての手踊りで、彦島連・西山連・八音会《はっとんかい》の三集団が下関平家踊り保存会として伝承に努め、各地区の盆踊りとして、また八月末の市を挙げての馬関まつりにおいても演じられている。

先帝祭（しものせき海峡まつり）

先帝とは長門壇ノ浦で入水した安徳天皇のこと。天皇を祀る下関市阿弥陀町赤間神宮での祭りだ。天皇崩御後、漁夫となった遺臣と遊女となった女官たちが、阿弥陀寺境内の御陵に詣でて香華を献じたことに由来するという。

明治八（一八七五）年、寺を赤間神宮と改め、先帝祭の祭儀を整えた。遊女となった女官が昔の上臈に戻って、十二単《ひとえ》を着用して道中した風俗を花魁道中《おいらんどうちゅう》に変え、選ばれた五人の女性が太夫《たゆう》となり、豪華な打ち掛けを羽織って禿《かむろ》・稚児・官女たちを従えて道中する。

現在、「しものせき海峡まつり」に包括して、五月二日に先帝の御陵前祭・平家一門追悼祭、三日に先帝祭を催し、その日、海上パレード・源平船合戦・武者行列などのイベントを併せて催す。翌四日には、宮本武蔵・佐々木小次郎決闘の地と伝わる巌流島で「巌流島フェスティバル」が開催される。

三田尻《みたじり》――山口県防府《ほうふ》市三田尻

塩の積み出し港として繁盛

山口県防府《ほうふ》市三田尻《みたじり》は、長州藩の居城萩とは反対側の瀬戸内海に面し、萩から萩往還と呼ぶ街道がつながって、毛利藩侯の参勤交代や蔵米輸送の表玄関港になりました。周防《すおう》三関の中関《なかせき》に当たり、周辺は藩の奨励で広大な塩田が拓かれ、播州赤穂《あこう》に次ぐ国内第二位の製塩量を誇ったといいます。

瀬戸内海は潮の干満の差が大きく波静かで、満潮時に海水を引き入れて塩づくりするに適した浜が沿岸に多く、あちこちに塩田が設けられ、十州塩田（播磨・備前・備中・備後・安芸・周防・長門・阿波・讃岐・伊予）の名で知られました。

なかでも三田尻と周防沿海地域は、長州毛利藩が三白政策と称して米・塩・紙の生産を督励し、その命を受けて防・長二国の製塩の半分をここで生産する働きを示しました。そして、その塩を三田尻中関港から北前船が積んで、山陰・北陸・東北・蝦夷地の港々で売り捌《さば》いたのです。

塩は生活の必需品で、利益も莫大《ばくだい》でしたが、昔の製塩作業は重労働です。当時の製塩は入浜式《いりはましき》といって、海辺に塩浜をつくり、溝を掘って満水期の海水を入れ込み、それを塩浜の砂を掛けて塩分を付着させ、その砂を集めて塩分をたっぷり含んだ海水（かん水）を採って煮詰めて塩を得るというものです。そのため、例年二月の寒い季節、土均《なら》しに使う馬鍬《まぐわ》に似た重い金子《かなこ》とか手曳きなどと呼ぶ用具で、硬くなった前年の塩田のデコボコを掘り返す力仕事から始まり、塩汲み、水取り、水替えなどなど。十一月頃まで雨天以外は休む暇もなく働き詰めに働きました。

働く男たちを浜子《はまこ》と呼び、十人ほどが一つの塩浜に雇われて浜小屋に寝泊まりして働き、作業ごとに唄で労苦をまぎらわせました。

「浜子唄《はまこうた》」と総称しますが、三田尻でも他の瀬戸内の塩田の村々でもうたいます。土地により作業によって「浜鋤《すき》唄」とか「板鋤唄」「塩汲み唄」などいろいろと違いますが、節も歌詞も互いに似ているのは、船の行き交いの名残でしょう。

海水から「かん水」を採る浜作業（1950年頃撮影、提供：防府市役所）

ただ、製塩方式がやがて入浜式から流下式、さらにイオン交換膜法と変化して機械化の道を辿り、また、明治三十八（一九〇五）年の専売法公布によって、専売局による塩の一括買い上げが始まったので、船による個々の輸送販売がかなわなくなりました。

三田尻では塩田の跡地には大型の工場を誘致し、商工業の町に変貌しましたが、塩田文化はいまも生きて、「浜子唄保存会」が地元で伝承活動を続けています。

唄に付く踊りも生まれました。県内では熊毛郡平生町《ひらお》、大島郡周防大島町などでもうたい、県外にも各所で唄が残されています。これだけ広く行き渡っているなら、北前船が結ぶ「瀬戸内塩の唄フェスティバル」を開いてはと願うのですが……。

北前船歌詞集――三田尻

浜子唄

ヤーレ　朝も早よからヨー　浜曳き　ヤーレ　曳いて　黒い土からヨー　ヤーレ
潮を採る
寄せよ塩泥　粗末にするな　土が一升に　塩八合
辛や眠たや　親なら寝しょが　他人浅まし　寝せはせぬ
浜子浜曳く　寄せ子は寄せる　可愛い主さんは　土を振る
浜子さんとは　承知で惚れた　夜釜炊きとは　知らなんだ
浜子浜子と　けなしてくれな　浜子大名で　扶持《ふち》がつく

【ひとくち解説】

防府市三田尻や周防沿海岸地方でうたわれた製塩作業の唄。硬くなった前年の塩田の土を、農具の馬鍬（一メートルほどの横木の下部に櫛状の鉄の歯を取り付けたものを牛馬に曳かせる）に似た金子などと呼ぶ重い器具で、浜子が引きならしながらうたう。金子を手曳きとも呼ぶのは牛馬に頼らず人の手での意味で、それだけの厳しい労働に歯を食いしばる哀感が唄ににじむ。歌詞の終わりの「浜子大名で扶持がつく」は、重労働への扶持（特別支給金）が浜子に支払われることをいう。

三田尻周辺の伝統芸能・行事

笑《わら》い講《こう》

坊府市台道《だいどう》小俣《おまた》地区に伝わる招福行事。元は旧暦十一月三十日、現在は十二月第一日曜日に催す。旧小俣荘以来、村落経営にも携わってきた旧家二十一戸の講員が、年末、輪番で務める頭屋《とうや》の家に集まり、穀物の神大歳《おおとし》さまを祀る座敷で、一年の生産を感謝し、来年の豊穣を祈念する儀式と宴を開く。

四面を囲んで座を組み酒肴をいただくうち、神職の合図で、向かい合った二人ずつの笑い役が大榊《さかき》を手に、太鼓の音とともに大声で笑い合う。

一回目の大笑いは今年の収穫の喜び、二回目の大笑いは来年の収穫への予祝、三回目の大笑いは今年の悲しみ苦しみを吹き飛ばすものとする。

審判役が、両者の笑い方を判じて、不真面目であったり、不十分であったりするとやり直しを命じ、罰に酒をむりやり飲ませたりする。双方が終わると、次の二人組に大榊を渡し、新たな笑い合戦になる。一巡したところで、当日の給仕役が笑い、最後に全員が大笑いして終わる。

「笑う門には福きたる」の民俗の古習である。近年、地元県立防府商工高校の企画でお笑い講世界選手権大会が毎年十二月中旬に防府観光コンベンション協会主催で行われ、人気を得ているという。三人一組で笑いを競い、「感謝の笑い、祈りの笑いがもたらす世界の平和」をテーマにしての大会だそうで、日本の笑いが世界に届くか。

第5章　広島県〜大阪府　編　〈尾道〜大坂〉

尾道《おのみち》——広島県尾道市

倉敷地から対外貿易港へ

「前は海、後ろは山で」は、宮城県の民謡「さいたら節」にある歌詞ですが、山地が七〇パーセント以上の日本列島では、全国至るところに見る風景でもあります。なかでも瀬戸内海のほぼ真ん中、広島県南東部の尾道《おのみち》は、三つの山のスロープがそのまま海に落ちる浜《はま》際《ぎわ》に拓かれた港湾です。その斜面や谷間に寺院が開創され、家が建つと、自然とそれらをつなぐ「坂の町」になりました。毎日登り下りする苦労は大変ですが、その坂道を美しい景観に創り上げた歴代住民の風流心《ふうりゅうごころ》がすてきです。

この尾道が広く知られるようになったのは、平安時代末期、後白河法皇が平重衡《たいらのしげひら》から寄進された備後太田の荘園《しょうえん》の年貢米の倉敷地《くらしきち》に、当地を定めたことに始まるといいます。

倉敷とは年貢米を輸送するまでの保管場所のことです。ここに集荷した米を港から送り出したのです。太田荘は現在の世羅《せら》郡世羅町一帯で、のちに法皇から真言宗大本山高野山に寄進されました。

下って元弘三（一三三三）年、鎌倉幕府の崩壊後、後醍醐天皇による建武の新政がなったのち、その一翼を担いながら反乱を起こした足利尊氏が建武三（一三三六）年、大和国吉野に拠った朝廷軍と戦って敗れ、九州に逃走する途中、尾道の古刹《こさつ》真言宗転法輪山浄土寺に立ち寄った際、当地の吉和《よしわ》の漁民が協力して船方《ふなかた》を務め、無事に九州に行くことができました。その恩義に報いるべく、尊氏は勢力を挽回して天下を統一したとき、浄土寺に利生塔を建立し、荘園を寺に寄進したと伝えます。

室町幕府二代将軍義詮《よしあきら》もまた当地に天寧寺を建立、港を海外進出の足場としました。のち、康暦元（一三七九）年から十一年間と、応永八（一四〇一）年から九十六年間に二度備後国の守護となった山名氏が、明国《みんこく》との貿易を推進して尾道を日中交流の拠点に押し上げました。明国からは中国山地で産出する鉱石が貴重視され、なかでも鋼鉄をもってみごとな刀剣に仕上げる尾道の鍛冶匠たちの腕前が神業《かみわざ》と絶賛され、その名刀類が高価な交易品となりました。

広島藩が整備して商港に成長

三方が山で、対岸に向島《むかいしま》を見る狭い水道に面した尾道の港は天然の良港ですが、沿岸に塩田が広がり、内陸部の周辺に綿・畳表・鉄などの産地がありました。さらに山境を越えて石見《いわみ》・出雲まで通じる長江《ながえ》街道の途中に、世界に名だたる石見銀山がありました。銀山の発見は十四世紀に遡《さかのぼ》るそうですが、天文二（一五三三）年に博多の商人らによる灰吹法《はいふきほう》なる精錬術が案出されて以来、生産が増大し、それらもろもろの産物の積み出しに尾道港が活用されたのです。

戦国争乱で不振に陥った港を、毛利元就が地元商人を動かして復活に努め、江戸時代の寛文十二（一六七二）年、西廻り航路が開かれるや、日本海沿岸から迂回《うかい》して大坂へ行く千石船が往き帰りに寄港して、集荷された産物を積んで諸国に運び、同時に蝦夷地《えぞち》からの魚《ぎょ》肥《ひ》・昆布や北陸路の米などを卸してその売買で活況を呈しました。この西廻り廻船を北前船と呼んだのは他の西国の港と同様です。

広島藩は港の繁栄を藩財政の要《かなめ》と重視して町奉行所を置き、その後、海際の狭い浜を埋め立てて、寛保《かんぽう》元（一七四一）年、問屋・商家などが軒を連ねる港町を造成しました。それを契機に、尾道は商港としての地盤を固め、数を増した廻船・卸売問屋は問屋座会所を組織し、藩米輸送その他幅広い海運・商業活動を繰り広げました。北前船往来最盛期の到来です。

町の恩人をたたえて祭を開催

この浜の町造成を率先指揮したのは、ときの町奉行平山角左衛門でした。住民は彼を恩人と仰ぎ、後世の市民からも追慕されて、昭和十（一九三五）年からその功績をたたえる「尾道みなと祭」を毎年四月に催すようになりました。しかし、残念なことに三年後に戦争気運が高まったために中断しました。

戦後の昭和二十二（一九四七）年に「みなと祭」は再興され、現在まで年々盛大に行われてきました。メインは、「三下がり（三味線の調弦名）」の曲を奏しながら道中する「正調三下がり」で、艶やかで情緒あふれる曲調は上方《かみがた》伝来を感じさせます。いまはこれをアレンジした創作「ええじゃんＳＡＮＳＡ・がり」が、若者の人気を集めて祭を盛り上げています。

尾道の沿岸の市街地は、明治二十四（一八九一）年の山陽本線尾道駅開業を境に二分されました。海側は対岸に向島が控えるため埋め立てはかなわず、線路付近の民家は山麓へ移転するほかなく、点在する寺院の間々に、また境内の一隅に住まいする商家、民家が徐々に増えて、やがて迷路入り乱れる坂の街に変貌しました。

それでも、いまはそれすら美観と評価される風景となったのは、中世以来、内は上方から遠くは蝦夷、唐土まで海上交易を重ねて得た、尾道っ子の豊潤な感性の放射であったと思います。

東西南北を結ぶ西海の十字路

尾道の街と海を一望にする、千光寺山の東側のわずかな谷間をかき分けるように通る道を長江街道と呼んでいます。ときに石見街道とも、出雲街道とも呼ばれるのは、何とこの古道が、瀬戸の港町から備後の山々を越えて石見にも、日本海を望む出雲の沿岸にまで通じるメインロードだったというのです。

石見銀山の銀も、奥出雲の鉄も、この道を通って尾道の港から畿内にも海外にも運ばれ

2019年「ええじゃんSANSA・がり」グランプリ部門優勝のteam JSK（如水館高等学校、提供：尾道港祭協会）

ました。備後名産の畳表や蓆《むしろ》もこの道から港へ運ばれ、港からは蝦夷地からの昆布やニシン粕《かす》などがこの街道に軒を連ねる問屋に運ばれて売買されました。長江街道には、いまも名残をとどめる店もいくらか残っているようです。

一方、北に通じる古道に対して、南に通じる新たな道が尾道の水海に架けられました。橋の数は十橋、道の名は西瀬戸自動車道、愛称「瀬戸内しまなみ海道」です。

完成は平成十一（一九九九）年。尾道市の西瀬戸尾道ＩＣを起点に、向島・因島《いんのしま》・生《い》口島《くちじま》・大三島《おおみしま》・伯方島《はかたしま》・大島などを経て、愛媛県今治《いまばり》市の今治ＩＣに至る五十九・四キロメートルの海上の道です。

これらの島々には古代・中世・近世それぞれの優れた文化遺産が温存され、瀬戸内の豊かな歴史と文化を物語ります。尾道市エリアを瞥見《べっけん》して、民謡だけを取り上げても、向島には「よいやえー」「押し込み」など、因島には「おれん節」「しょんがえ」「大漁節」「よいこな」ほかがあり、生口島には「よいしょこしょ節」などの味わい深い古謡が伝えられています。

尾道は山陽道のど真ん中。山陰へは石見銀山往来の街道がかつて栄え、島根県松江市には国道が通じています。新旧合わせれば、尾道は西海の十字路です。今後もさらなる活力を発揚して、産業・文化の一大センターとなるよう、発展が期待されます。

北前船歌詞集――尾道

みあがりおどり（天竺《てんじく》）

こども参れ　今年も参れ　　これの庭に
こちの庭に　こぼれし塩は　福の入れ塩
そよりそよりと　稲葉もそより　秋風も立つ

秋の小風に　揉み立てられて　餅も搗《っ》かばや
餅を搗いて　ござれや嫁御　何もはねごと
ぼによぼによと　待つこそぼによ　暮れる早さよ
ぼにと七月は　太鼓や鉦《かね》で　夜こそ寝られぬ
せげよせげよ　せげよ　汗の出るほど
しどろまどろや　揃はずと　なぜぎねの音

【ひとくち解説】

尾道市御調町《みつぎちょう》丸河南《まるかなん》など、御調川沿いの集落が伝える太鼓踊り。高御調八幡《たかみつぎはちまん》神社の秋祭で四年に一度、九集落から百人もの御調郷土芸能保存会員が出て踊る。年々の豊作感謝や雨乞い・厄除けにも演じてきたという。若者が直径一メートルほどの大太鼓を左肩に吊るし、右手のバチで打ち鳴らしながら激しく踊る。

鉦も加わり、「道引拍子」で道中し、鳥居前で踊り、暴れ獅子舞の先導で二百二段の石段を上って本殿を回って拝殿前でも踊る。十三番の曲を伝えるが、その六曲目が唯一歌詞の入る「天竺」で、なぞ掛け風の問答形式なのが珍しい。歌詞の六句目の「ぼに」

は盆のこと。八句目の「せげよ」は「押せよ」の方言。

唄の来歴については、足利尊氏に協力した住民の踊りに始まるとの伝説が地元にはある。

押し込み

エー　エーホイ　ヨイヤマカショ　エー　ソラエー
山は焼けてもヨー　山鳥は立たぬ　ヨイショ　子ほど可愛いものはないエー　ヨー
イヨーイヨー
泣いてくれるな　出船のときは　沖で仕事が　手につかぬ

【ひとくち解説】

尾道市向島町立花の大漁の祝い唄。大漁のときに威勢よく港に入っていく際の唄という。

尾道周辺の伝統芸能・行事

吉和太鼓踊り

尾道市吉和西元町に伝わる太鼓踊り。当地は元漁師町で、八月（元は旧暦七月）十八日、大太鼓・小太鼓をそれぞれ胸に吊るした若者数十人が大・小二列となり、旗印を立て、観音丸と呼ぶ船形の大きなつくり物（御座船）を先頭に、吉和から東久保町の浄土寺へ踊りながら練り込む。

大・小の太鼓と鉦の音が凄《すさ》まじく、浄土寺への石段を、踊り子が後ろ向きになって上るのが見ものである。船の中に十三人の御船方がいて、浄土寺金堂前で、踊りの間に「音頭」「正月あげ」などの船歌をうたう。海の民の心意気を感じさせる。

法楽《ほうらく》おどり

尾道市因島の椋浦《むくうら》町で盆の八月十五、十六日に催される踊り。因島は村上水軍の根拠地で、出陣の折の戦勝祈願、帰陣の際の戦死者供養のために踊ったことに由来すると伝える。「法楽」は、楽を奏して仏を供養する意。町の若者たちが、浴衣に黒袴をはき、鉢巻・襷《たすき》・手甲・脚絆《きゃはん》・草鞋《わらじ》という勇ましい出で立ちで、刀を差し、扇子を手にして踊る。輪踊りで、真ん中に奉請八幡大菩薩の幡《ばん》を立てるのは、これを奉じた村上水軍の名残であろう。

若者の踊りは右回りの形式で、その輪の中にもう一つの輪を子どもたちがつくり、小さな幟《のぼり》を持って左回りに巡る。囃子方《はやしがた》が「なむあみ」と唱えると、踊り衆は「デーボ」と応え、囃子方が「とんだ、とんだ」と唱えると、踊り衆は刀を抜いて踊り跳ねる。町内各所を巡り、十六日の夕方海辺へ出て踊るのは、精霊《しょうりょう》送りだからだろう。

住吉祭の曳船《ひきふね》

向島町津部田《つぶた》の七月の住吉祭り。夜間、丸太と竹で組み立てた船形に、大提灯二十個、小提灯八十個を張り巡らせた三隻の曳《ひ》き船を、各地区の若者が担ぎ、笛・太鼓・鉦で囃《はや》しながら海の守護神住吉大神の社に宮参りする。その信心ゆえ、明治二十六(一八九三)年、当地の住民が讃岐の金比羅山《こんぴらさん》参りの帰途、大神の霊威で暴風の難をまぬかれたとの伝えがある。

名荷神楽《みょうがかぐら》

生口島瀬戸田町名荷神社の神楽。荒神舞《こうじんまい》と呼ばれ、古くは神職による託宣舞《たくせんまい》が行われた。近代、住民によって伝承。「岩戸神事」「王子」「剣舞」などのほか、「三宝荒神縄《さんぼうこうじんなわ》」では紙を着せた紅白の人形に神酒《みき》を注いで、その滲《にじ》み方で神意を占うなど、託宣神楽の余風を残す点で学術的に注目されている。

鞆《とも》の浦《うら》——広島県福山市

日東第一の景勝地と絶賛

尾道からほど近い沼隈《ぬまくま》半島南東部の福山市鞆《とも》の浦《うら》は、『萬葉集』にも詠まれた古い港です。江戸時代には福山藩の外港として、北前船の寄港地として栄えました。藩米の輸送はもちろん、領内で生産される綿や鉄製品の輸出、また、蝦夷地からの魚肥や羽後・越後の米などの輸入、内海沿岸地域との交易などで賑《にぎ》わいました。

元々が、潮の満ち引きで船出を図った時代の潮待ちの港として尾道ともども知られましたが、江戸時代の正徳元（一七一一）年、寄泊した朝鮮通信使の李邦彦《りほうげん》が「日東《にっとう》第一形勝《けいしょう》」と絶賛して揮毫《きごう》したほどの景勝地で、潮待ちもまた、眼福のひとときと感じさせたことでしょう。

緑樹優美な仙酔島《せんすいじま》をはじめ、弁天島・皇后島・玉津島などが点在する絵のような風景、いまに残る常夜灯や町並みの風情などが鞆の情趣を美しく伝えています。

鞆の浦の麗しき旅情文化

この港町の魅力を喧伝《けんでん》したのは、立ち寄る船の旅客や船乗りたちの泊まりを二夜にも、三夜にも情《じょう》で引き留めた名高い鞆女郎衆《ともじょろうしゅう》でした。「鞆の沖通りゃ二階から招く／しかも鹿の子の振袖が」「酒は酒屋に／よい茶は茶屋に／女郎は備後の鞆の津に」などとうたわれるほどの人気を誇ったこの地の遊女たちです。

鞆の民謡に、北前船の行く港々に分布する「ハイヤ節」を源流とする「アイヤ節」があるのも、鞆女郎と興じた北前船頭衆の、旅宿にうたい残した騒ぎ唄の落とし花であったのでしょう。同じ瀬戸内の三原港に残る「三原ヤッサ」と兄弟関係ですが、囃し言葉に「瓢《ひょう》簞《たん》ばっかりが浮きものか　わたしもちっくり（ちょっと）浮いてきた」とあるのは、同じ「ハイヤ節」から生まれた徳島の「阿波おどり」とこれまた姻戚関係です。

他に、鯛漁の行き帰りにうたう勇壮な「鯛網大漁唄」がありますが、これも似たメロディーが他の港にもあり、船と港による唄交流の活発さが改めて実感されます。

北前船歌詞集――鞆の浦

アイヤ節

アイヤな　アラヨイヨイヨイヤナ
アイヤ可愛いや　今朝出た船はヨ　アラ　ヨイヤサヨイヤサ
どこの港に　ヤレ　つなぐやらヨ　アラ　ヨイ　ヨイ　ヨイ　ヨイ
鞆の向かいの　仙酔島は　地から生えたか　浮島か
地から生えても　浮いてもおらぬ　あれは殿様　お立て山
竹に雀は　品よくとまる　止めて止まらぬ　色の道
惚れて通えば　千里が一里　逢わずに帰れば　また千里

【ひとくち解説】
福山市鞆の浦の座敷唄で、盆踊りにもうたわれる。九州の港々で船乗り衆がうたい囃した「ハイヤ節」が海路伝播したもので、ハイヤがアイヤに転じた。後囃子に「瓢箪ばっかりが浮きものか　わたしもちっくり浮いてきた」を付けるのは、同系の徳島の「阿波よしこの」と似る。「アイヤ節」の同類は呉市に属する大崎下島などにもある。

鞆の浦鯛網大漁節

エーホ　エーホ　ヨイヤマカセノコリャ
備後ヨーエ　鞆の浦　その名も高い　ヨイショヨイショ　踊る銀鱗　コリャ網戻し
ヨーイトナ
エーホ　エーホ　ヨイヤマカセ　コリャ　大漁　大漁
真網逆網　八挺櫓立てて　ワッと飛び出す　鬨《とき》の声
三崎下から戻ろとすれば　鯛や鰆《さわら》が呼び戻す
昼は鯛凪　月の夜は　おぼろ　ほんに絵のよな鞆の浦

【ひとくち解説】
網を使って鯛を獲り、大漁のときは網元を中心に親船・小船の乗員一同が、船中または浜辺で車座になって祝宴を開く。歌詞は古くからのものを昭和三十年代（一九五五～六四）に改めて、三味線・太鼓に乗せての賑やかなものになった。近海の尾道市向島、因島や豊田郡大島上島、竹原市吉名にもそれぞれの大漁節が伝えられている。

鞆の浦周辺の伝統芸能・行事

二上《にあが》りおどり

福山市の盆踊り。八月十三日から十五日の盆の期間、「福山夏祭り」の名で、福山駅前大通り・久松通りで最大に行われる。二上りは一種の三味線や胡弓の調弦法。本調子の二の糸の音を長二度《ちょうにど》高くしたものをいう。その二上り調子の三味線を基調に胡弓・尺八を加えての合奏に乗って、踊り衆は四つ竹で拍子を取りながら軽やかに踊る。

唄がなく、鉦・太鼓も入れての、明るく情感に富んだお囃子が魅力である。男は頭に鉢巻、女は手拭い被り、浴衣に白足袋、手に四つ竹を持つ。基本のステップ以外、各人が好む振りで踊ってよいとするのも市民に愛される特色である。

地元の説明では、江戸時代後期の文化文政年間（一八〇四～二九年）、江戸詰めの福山藩士が伝えたものかといい、当初は藩士や上流の町家の人々が折笠、頬被りをして、手に団扇《うちわ》を持ち、二上り調子の三味線・胡弓の気品と哀愁を込めた音に乗って、三々五々組をつくって踊り歩いたという。手の団扇が四つ竹に代わったのは昭和三（一九二八）年とのことである。

ひんよう踊

福山市本郷町の秋祭に踊る風流《ふりゅう》踊り。竹の先に御幣を付けた梵天《ぼんてん》を掲げる男を中心に、花で飾ったキリコ灯籠を手にする踊り手が取り囲み、太鼓の拍子に合わせてうたう古風な小歌《こうた》に乗って踊る。歌は室町時代、畿内で流行した小歌の流れを汲むもので、さつま踊り、因幡踊り、屋敷踊り、忍び踊り、金湯踊り、広島踊り、室の船踊り、酒井の浜踊り、豊後踊り、牛若踊りなど数多くある。

ヒンヨウと囃しながら踊ったのでこの名があるといい、古くは花を頭に戴《いただ》いて踊って花踊りと呼ばれたと伝える。同名同種の踊りは、近隣の福山市津之郷町にも伝承されている。福山西部の農村に分布したものだという。

備後田尻荒神神楽

福山市田尻町本郷の三荒神社の仮設舞台で演じる神楽。寅・午・戌の年の晩秋に上演する。「盆舞」「皇子」「悪魔払い」など十五演目を伝える。舞に古式を残し、当地方の神楽の特徴をこよなく顕現するという。

玉島《たましま》——岡山県倉敷市玉島

内陸から高瀬舟が通う玉島港

日本海から瀬戸内海を往来する北前船の寄港する備前玉島《たましま》は、岡山県三大河川の一つ高《たか》梁川《はしがわ》の河口右岸に開けた港です。

高梁川は藩政時代、松山川・板倉川などと称し、鳥取県境の花見山を水源とする全長百十一キロメートルの大河です。その上流の新見《にいみ》から玉島までの七十キロメートルを、江戸時代の初期、備中松山初代藩主水谷勝隆、二代勝宗、三代勝美が開削《かいさく》・整備に努めて、新見～松山（廃藩置県後、高梁と改称）間の三十キロメートルを三十石船が、松山～玉島間四十キロメートルを五十石船が就航できるようになりました。高瀬舟と呼ぶ一本帆柱の全長十三～十四メートルの船で、十艘前後が一組になって、米・鉄・綿・炭その他の産物と旅客を松山へ運び、それを引き継いだ五十石船が松山から新たな物品と人を乗せて玉島に運びました。船荷がさらに北前船に積まれるという仕組みで、玉島港が繁栄したのです。

閘門《こうもん》式運河の先駆として注目

玉島は元は島であったのが、川の上流からの土砂の堆積と備中松山藩が進めた干拓によって陸続きの田園地帯となり、灌漑《かんがい》用水路を兼ねた「高瀬通《たかせどお》し」と呼ぶ運河が港まで引かれました。そして、下流に二つの水門を三百五十メートルの間隔で設けて水を溜《た》め、そこに十数艘の高瀬舟を止め置いて水面を高くし、前門を一気に開けて流し下ろすという運輸方式を開発しました。

高瀬通しは、パナマ運河に見る閘門《こうもん》式運河の先駆となる土木技術で高く評価されています。また春・夏の耕作期間には水田の給水に役立て、秋から翌年の耕作始めまでは高瀬舟の上り下りに優先使用させるなど、有効な使い分けで注目されました。

「瀬戸内の小浪華《なにわ》」の面影

玉島港は備中松山藩の御用港で、藩主は水谷氏から安藤・石川・板倉氏と代わりましたが、歴代の蔵米の輸送を主に、高瀬舟で運んできた備中綿や綿製品、鋼材・炭・煙草・漆などの売買と積み出しで賑わい、寄港した北前船からは綿作の肥料に大事な蝦夷地のニシン粕や干鰯《ほしか》を中心に、日本海沿岸の特産物の買い入れに問屋・仲買人が競いました。

船頭衆や各地から集まる商人を迎えた町場は飲食店・宿・遊女屋などがひしめき、「瀬戸内の小浪華《なにわ》」と呼ばれるほどだったといいます。しかし幕末期には、土砂の堆積のため大船の出入りが難しくなりました。その後、しだいに衰退していき、昭和年代、隣接する水島地区の臨海工業地帯の開発に伴って、昭和三十七（一九六二）年に開港した水島港の一港区となりました。

かつての面影は旧港の仲買町・通り町や船溜まり跡などにありますが、往時をしのぶ玉島港千石船まつりが、毎年正月第二日曜日に玉島歴史民俗海洋資料館などで催されています。また、高梁川を上り下りした高瀬舟の船頭の舟唄が残され、川の中流の旧城下町高梁市内には、華麗優雅な振りと唄の松山踊りが伝えられています。三味線・太鼓に乗せて踊るもので、「地踊り」と「仕組み踊り」があります。地踊りの歌詞の一部を記しましょう。

「備中高梁松山踊り／月の絵になる／お城の矢場で／ちょいと小粋な／姉さん被り／かけた襷は夜にも赤い（以下略）」――。

北前船歌詞集――玉島

高梁川舟唄

高梁川だよ　岩瀬の間《あい》をヨー　ハア　ヨーイヤナ　走る船頭の　気を揉ますヨー

ハア　ヨーイヤナ　ヨーイヤナ

備中高梁　松山城下　川の番所が　舟を待つ

お舟番所を　上れば新見　下りゃ玉島　灯が招く

【ひとくち解説】

高瀬舟は舳先《へさき》が高く上がり、底が平らな河川用の運送船。高梁川では上流の新見から中流の松山城下までは三十石舟、松山から玉島までは五十石舟で、積荷の移し替えがあり、番所の監督があった。下りは悠長だが、上りが難儀。舳先に前綱、胴に中綱を掛けて、一人ずつ声を掛け合いながら舟を進める。舟には船頭がいて二人を励まし、方向を指示する。その間、唄が後押しとなるので、自然、力いっぱいの歌唱となる。

玉島周辺の伝統芸能・行事

松山踊り

高梁川中流の、旧松山藩城下町高梁市の盆踊り。「五万石でも松山さまは／ご陣羽織が虎の皮」などの歌詞を、四つ拍子と呼ぶ軽やかなリズムに乗せてうたう唄は優雅で、踊りもしなやか。誰もが浮き浮き踊れる振りなので人気が高く、大きな輪が盆の三日間縮まることなく、「ヤンレサ、ヨイヤサ」の掛け声も賑やかに踊り明かす。「地踊り」と「仕組み踊り」の二種があり、前者は浴衣がけや普段着など自由な服装で踊るもの。後者は町内ごとに趣向を凝らし、「赤穂《あこう》義士の討ち入り」とか「曽我兄弟の仇討」などの物語を踊りに取り入れ、それに似せた扮装と持ち物で踊るものである。町内ごとにダンジリ（山車）を曳き回し、辻々で踊りを披露する。

下津井《しもつい》——岡山県倉敷市下津井

盛時には岡山城下に並ぶ賑わい

玉島から東、児島半島の西南端にある倉敷市下津井《しもつい》は、江戸時代、玉島と同じく北前船の寄港によって繁栄した港町です。加えて、備前池田藩の城下町・岡山からの四国街道の終着地で、そこから讃岐の丸亀港まで十六キロメートル。海を渡れば海上守護と漁業の神仏として名高い金毘羅大権現《こんぴらだいごんげん》を祀る琴平山《ことひらやま》が鎮座し、その参詣路とあって、参拝者や出船入船の船頭衆・貿易商人・小売業者・近郷民衆が雑踏し、岡山城下に並ぶ賑わいだったと伝えます。

土地の井戸水が良質なので、わざわざ求めに寄る船も多かったといいます。町の周辺は、かつて島であった児島が干拓されて半島となった地域です。綿作ができ、北前船が運んできた魚肥で大量の綿を収穫して、反物《たんもの》・衣服などを生産する繊維の町にもなりました。

しかし、港は、明治半ば以降、鉄道の開通と大型船や宇高《うこう》連絡船の就航でしだいにさびれ、さらに瀬戸大橋の開通によって、沿岸漁だけの小漁港となったのです。

町では年ごとの衰退を憂い、かつて遊里で流行《はや》った櫓漕《ろこ》ぎ唄が元の「下津井節」を世に広めようと、新歌詞の公募を行ったのが昭和四（一九二九）年でした。二年後には選ばれた唄をＮＨＫ岡山放送局から放送し、その後も広報に努めて、情緒豊かな唄が全国で愛唱されるようになりました。

元の櫓漕ぎ唄は、同じ瀬戸内の北前船の立ち寄る広島県大崎下島の御手洗《みたらし》港にも残されています。また、下津井では、昔の繁栄を物語る遺品を富商西荻野家の建物内の「むかし下津井廻船問屋」で展示し、さらに東荻野家の美術館や旧西町・中町の古雅な町並みが大事に保存されて、下津井文化を伝えようと励む町民の心意気が感じ取れます。

北前船歌詞集――下津井

下津井節

下津井港はヨー　入りよて出よてヨー　真艫《まとも》巻きよて　間切りよてヨー　トコハー
イ　トノエ　ナノエー　ソーレソレ
下津井港に　錨《いかり》を入れりゃ　街の行燈《あんどん》の　灯が招く
船が着く着く　下津井港　三十五挺艪《さんじゅうごちょうろ》の　御座船が
追風《おいて》吹こうと　下津井入りゃ　ままよ浮名が　辰巳風《たつみかぜ》
下津井女郎衆は　錨か綱か　今朝も出船を　また留めた

【ひとくち解説】

元は下津井港の遊里の座敷唄。冒頭の歌詞は旧来の宴席の唄で、二首目以下四首は、港が宇高連絡船就航後にさびれたのち、町復興の力にと昭和四年に歌詞の公募を行い、町の土木観光課職員の高木恭夫が公募に応じて作詞したもの。二年後、地元芸妓がラジオ放送でうたい、以来町の唄として広まるようになった。

一首目の「真艫巻きよて間切りよて」は、帆船が船尾からの追い風を受けてまっすぐに走るもよし、逆風のときはジグザグに進むのもよしの意。囃子詞の「トコハイ」は「床を早く敷いて」、「トノエ」は客、「ナノエ」は酌女のことだという。同種の唄に、北前船の立ち寄る隣県兵庫県たつの市室津《むろつ》の座敷唄「散在唄《さんざいうた》」などがある。

下津井周辺の伝統芸能・行事

白石踊《しらいしおどり》

岡山県南西端、笠岡市の港の南方十五キロメートルの洋上に浮かぶ白石島《しらいしじま》の盆踊り。代々の祖霊や水難者の霊を弔《とむら》うのが本旨で、特に遠く源平合戦で瀬戸の海に没した戦死者の霊を供養するための踊りを伝えたという。

男踊り（菅笠・羽織姿）、女踊り（頬被り・菅笠・紋服・丸帯）、娘踊り（色頭巾・振袖）、奴踊り（鉢巻・法被・三里紙《さんりがみ》）ほか、笠踊り、鉄砲踊り、扇踊り、梵天《ぼんてん》踊り、真影踊り、二つ拍子踊り、ブラブラ踊りと十三種ある。それらを、それぞれ扮装・採り物を異にする踊り手が一つの輪になり、一人の音頭取りの唄と一つの太鼓の音に乗って、異なる振りを見せながら踊る。

唄はすべて物語を七・七詞型の繰り返しでうたう口説《くどき》で、曲目には「賽《さい》の河原」「山田の露」「石堂丸《いしどうまる》」「お夏清十郎」「和唐内《わとうない》」「おさん茂兵衛」などがある。浄瑠璃物が多く、源平譚《たん》とは関係がない。

牛窓《うしまど》――岡山県瀬戸内市牛窓町

朝鮮通信使との交流の記憶

北前船が立ち寄る瀬戸内海の港のなかでも、奈良時代に編まれた『風土記《ふどき》』に名の見えるのが岡山市東部に隣接する牛窓《うしまど》と、次項で述べる兵庫県南西部の室津です。

牛窓は『備前国風土記』逸文《いつぶん》に「神功《じんぐう》皇后の御船が備前の海上を通ったとき、怪牛が躍り出て船を覆そうとし、住吉明神が老翁の姿で現れて、その牛を投げ飛ばした。故にその地を牛転《うしまろび》といい、訛《なま》って牛窓と称した」とあり、地名説話が書かれています。

現在、牛窓は小豆島《しょうどしま》と並ぶわが国最大のオリーブの産地で、前に広がる海を「日本のエーゲ海」と称しています。前島・黄島・黒島・青島などが点在して美しく、港は波穏やかで古来、商船・漁船の出入りで賑わい、風待ち港として内外の大船も寄港しました。

江戸時代、北前船の往来もありましたが、特に徳川将軍代替わりの慶祝などに、李王朝から派遣された朝鮮通信使一行が、江戸参府の行き帰りに当地に数多く立ち寄ったことで知られました。

通信使の来日は、慶長十二（一六〇七）年から文化八（一八一一）年まで十二回でした。四百人からなる大使臣団が対馬藩士の先導で往来する豪勢な旅で、見物人が大勢集まりました。牛窓へは十五回（往復時）寄港し、うち九回は宿泊して岡山藩池田家中から丁重な饗応を受けました。

その度重なる交流のなかから生まれたのでしょうか、この地に「唐子《からこ》踊《おどり》」と称する、異国のにおいを漂わせる芸能が伝えられています。唐子のカラは「韓《から》」とも書いて朝鮮の古称でもあり、地元には神功皇后が朝鮮から連れてきた童児に舞わせたとの説もあります。

しかし、この芸態自体は江戸時代のもので、「エーチャーア、ワン、エー、ハアーエーヤワ」といった意味不明の歌詞のなかに、「ツンテン、テレツツ」などの口三味線《くちじゃみせん》も交じり、日韓混交の唄と踊りの感じです。紺浦《こんのうら》集落の秋祭りに演じますが、船による国際交流が生んだ、これも海の芸能文化の一つでしょう。

現在、その交流の歴史を伝える牛窓海遊文化館が町内にあります。明治二十（一八八七）

年に建った洋館の牛窓警察署本館を活用した資料館で、朝鮮通信使歴代の文書類などの史料、唐子踊、牛窓秋祭りに使用する船型など、数多くのものを展示しています。建物も文化財指定の貴重なもので、一見の価値があります。

北前船歌詞集——牛窓

唐子踊

前口上

今年《こんねん》初めて日本へ渡り日本のみかどは　とおりません　ませんこころ　よかんここ
ろ　しょがんおん礼申す

唄

サーチャーア　ワーン　エー　ハァーエー　ヤンヤワ　シューンデェー
サーチャーア　ワーン　エー　ハァーエー　ヤンヤワ　シューンデェー
ニイーモオーオ　シュンデー　ハァーエー　ヤンヤワ　シューンデェー
ハー　オーカンエーエィ　ソーエイエイ　オントォーローノー

ロンチーアァソーモー
ツンテン　テレッツ　チッ　テン　ツンテン　テレツッ　チッ　テッ　テン　ットチチン　チー　チリッントン　テレッツ　トントン　テーチーエィサンエー
ハァーゴーモーデーヤーソー　エーチーエィサンエー
ハァーゴーモーデーヤーソー　ハァー　ユーズーマ　ッマヒーヤーツンテン
テレッツ　チッ　テツ　テン　ット　ツンテン　テレツツ　チッ　テッテン　ット
ソリャー　チチーチン　チリツント
イヤー　テレツツ　トントンハアー　コンヒー　コンヒー
ハァーイー　ヤンヤッコンヒー　コンヒー　ハァーイー　ヤンヤッコンヒー
ハァー　リンツー　リンツー　ハァウー　ハヤ　ワンヤワリーリンツー
ハヤ　ワンヤワリーリンツー　カクカクテンニョが　リーヤァ　リー　アーソー
モー

【ひとくち解説】
牛窓町紺浦に伝わる踊り。十歳前後の男児が二人、山高の帽子に舞楽の裲襠《りょうとう》装束に似た派手な唐子装束を纏《まと》い、青年たちのうたう唐子唄につれて踊る。締太鼓と篠笛《しのぶえ》で囃子はゆったりとしたリズムを奏で、同側の手足を大きく出すナンバ振りの所作を見せる。唄の意味は不明で、地元では牛窓に寄港した朝鮮通信使のもたらしたものかとの説が有力である。また、中国伝来かとの説もある。

ただ、唄のなかに「テンテン、テレッツ、テンテン」といった三味線の口唱歌《くちしょうが》が入るのは、この唄が三味線の伴奏を意識したものであったことを物語る。口三味線入りの異国唄とは珍しい。

踊りは毎年集落の疫神社の秋祭りに奉納され、童児が青年の肩車で境内《けいだい》に入って踊ったあと、再び青年の肩車で退場する慣わしがあるのは、男児を神の依りましと崇《あが》めて土を踏ませない古い習俗の踏襲である。

牛窓周辺の伝統芸能・行事

太刀《たち》踊《おどり》

牛窓町綾浦《あやのうら》に伝わる踊り。御霊神社の秋祭りに奉納される。集落の十歳前後の男児五人が出、うち二人は黒紋付きに襷掛け姿で、裾をからげ、手甲・脚絆で鉢巻を締める。いま二人は襦袢《じゅばん》に襷掛けの女装で鉢巻を締める。もう一人は裃《かみしも》姿で陣笠を被る。陣笠の子が太鼓を手に中央に座し、その前両側に鼓を持った男の子、鉦と羯鼓《かっこ》を手にした女装した子が向き合い、最初に楽器を奏し、次いで男の子は銀紙を張った太刀を、女装した子は銀紙の薙刀《なぎなた》を手にして、地方《じかた》の唄と笛に合わせて打ち合いの型を見せる。

唄は唐子踊と同様、意味不明の詞が並ぶ。「イヨーはなと　じんげいわー　やーまのかおしょうじ　たんやまんばらーまーのすわー　やあ　せんげへえーのごうじ」。以下歌詞が二節ある。

太刀踊は、同じく瀬戸内市の邑久《おく》町尻海《しりみ》にもあり、ここでは女子が踊るという。

室津《むろつ》——兵庫県たつの市御津《みつ》町室津

かつては「室の津千軒」の偉容

牛窓同様、奈良時代の『播磨国風土記』揖保《いぼ》郡のくだりに、「御津《みつ》は神功皇后の御船が停泊した泊《とまり》」で、「室原《むろふ》(室津の古名)の泊は風を防ぐこと室《むろ》の如し」と記されています。風除けの理想的な港への賛美でしょう。

江戸時代に参勤交代の制度が生まれて以後、西国の諸大名の多くはここ室津まで船で来て上陸し、宿泊ののち陸路を江戸へ向かいました。そのため、本陣宿が六軒もあったというから豪勢なものです。その上、朝鮮通信使も一回目の来日のときに停泊し、以来、ここと の縁が生まれました。

姫路藩の賓客接待用の茶屋も常設され、宿場として格式の高さを誇りました。しかも北前船など商船の出入りは盛んで、町は「室の津千軒」とたたえられるほど人家も多く、嶋屋・魚屋などの豪商が軒を連ね、その名残の建物も現存しています。

よみがえった室君《むろぎみ》の舟唄

この室津港で、名を高めたのが「室君《むろぎみ》」と呼ばれた遊女たちです。港の入り口の丘の上に壮麗な社殿を構える古社賀茂神社の祭礼に奉仕し、艶麗な遊女行列の情景が、酒井抱一《さかいほういつ》（一七六一～一八二八）の絵巻に描かれています。

また、能の一曲に「室君」（四番目物）があり、ここでは、室の遊女が室の明神に仕える神職に呼ばれて舟に乗って現れ、神前で「棹《さお》の歌」（舟唄）を謡います。「裁《た》ち縫わん／衣着し人もなきものを／何《なに》山姫の／布晒《さら》すらむ」との『古今和歌集』の和歌でうたい始め、天地を開いたのも棹のしずくから、その棹を立てて月の行末を占い、豊年を寿《ことほ》ぎ、賀茂の社をたたえてうたい納めます。

「棹の歌」の名は、平安後期から院政期の学者大江匡房《おおえまさふさ》（一〇四一～一一一一）の著『傀儡《くぐつ》子記《しき》』（くぐつき、かいらいしき、とも）にも記されています。これは遊客の宴席にはべり、人の寿福を祈る歌舞を奏するのを職とする傀儡女《め》が歌った舟唄でした。

港に多い遊里では、舟から唄で客を誘うことがありました。船乗りのうたう唄を遊女が覚えてうたうこともありました。文芸史に名を残す白拍子《しらびょうし》などは傀儡女の血統を引く遊芸者で、室君も傀儡女の後裔《こうえい》でした。

巫女《みこ》であり、歌姫舞女であり遊女でもあった室の遊女の伝統は近世まで引き継がれましたが、いまはその痕跡も絶えました。

しかし、はるか昔の舟の古謡を再生させたいと、一九六〇年代に賀茂神社の原宮司が熱望し、音楽学者の柴田秀昭氏に委嘱して、「棹の歌」の復元に努めたのです。

やがて完成した謡を四月の小五月祭《こさつきまつり》に奉納演奏するまでになりました。現在は、室君に代わる清楚な娘たちが侍烏帽子《えぼし》に裃姿で、鼓を打ち、一人は締太鼓で合いの手を打って、棹の唄を神前で奏します。

瀬戸内海の沿岸には、櫓漕ぎ唄から祭礼の船謡、また三味線化した舟唄までさまざまあり、「棹の歌」も加えて瀬戸内の船の音楽史を語ることができます。

棹の歌

裁ち縫わん　裁ち縫わん　衣着し人もなきものを　何山姫の　布晒すらん
佐保の嵐のどかにて　日影も匂う天地《あめつち》の　開《あ》けしもさしおろす　棹のしたたりなるとかや
さる程に　春過ぎ夏たけて　秋すでに暮れゆくや　時雨《しぐれ》の雲のかさなりて　嶺白妙に降り積もる　越路の雪の深きをも
知るやしるしの棹立てて　豊年月《とよとしつき》の行く末を　はかるも棹の歌うたいていざや遊ばん
こことてや　こことてや　室山陰の神かつら　賀茂の宮居は　幾久し

【ひとくち解説】

室津賀茂神社の小五月祭（四月十五日）にうたわれる唄。謡曲「室君」にある「棹の歌」の歌詞を元に、作曲家柴田秀昭氏が、一九六〇年代に古代・中世歌謡の特質を検証しながら節付けした。「室君」では、室の津の遊女が三人、神職に呼び出されて舟に棹さす姿で現れ、「棹の歌」をうたう。冒頭の歌詞は『古今和歌集』にある伊勢大輔《いせのたいふ》の和歌。二首以下は四季の推移を述べ、棹を立てて行末を占い、豊年を祈ってうたい舞いましょうという賀歌である。小五月祭では、娘たちが鼓を打ち、一人が締太鼓で合《あい》の手を打って棹の歌を唱和する。

室津周辺の伝統芸能・行事

坂越《さこし》の船祭り

赤穂市坂越町の祭り。坂越は室津と並ぶ繁華な港町で、坂越湾は風待ちの良港とあって大船小船の出入りも多く、北前船も寄港した。

船祭りは、聖徳太子の側近で軍功もあった秦河勝《はたのかわかつ》を祀る大避《おおさけ》神社の秋祭り（十月第二日曜日）に催される。神輿《みこし》行列が浜に出ると、二艘の伝馬船《てんません》が沖から先を争って浜に上陸。五メートルほどの歩み板を若者が担いで練り回り、板を立てて一人が突端で幣を振る。その後、神輿を御座船に移して伝馬船二艘がこれを曳き、後ろに頭人《とうにん》船・楽船・獅子舞

――船・唄船ほか数艘の供奉《ぐぶ》船が随行して、湾内を威風堂々と渡御《とぎょ》する。瀬戸内海の三大船祭に数えられるという。

兵庫津《ひょうごのつ》——兵庫県神戸市

清盛が整備した海内一の港

世界有数の国際貿易港、神戸港の歴史は古く、遠く奈良時代には大輪田泊《おおわだとまり》と呼ばれました。平安時代末期、平清盛が海外進出を志して港を整備。日宋交易の一大拠点とし、海内随一の港と謳われました。

鎌倉時代には兵庫津《ひょうごのつ》と名を改め勢威を誇りましたが、室町時代、応仁の乱などでいっとき衰え、泉州堺に港の賑わいを奪われました。しかし、江戸時代、河村瑞賢《かわむらずいけん》による西廻り航路の開発で、日本海側から瀬戸内を通って大坂へ入る航路がメインルートとなり、そこを往来する北前船など大船の寄港地となったことで、大坂の外港ともなる兵庫津が盛運を取り戻したのです。

兵庫津があった場所は、神戸港中突堤《なかとってい》より南、旧湊川から和田岬に至る間の、現在は川崎重工や三菱造船所などの立ち並ぶ工業地帯のあたりです。

南端の和田岬が南西からの風を防ぎ、北側には、平清盛が南東からの風を防ぐのに造成した経ヶ島があった良港でした。

宝船が発着する港の賑わい

江戸時代中頃の兵庫津の人口は二万人前後。それが南北二千五百メートル、東西七百五十メートルの浜辺に居住し、しかも三分の二は船乗りが占めていたといいますから、出入船の多さがうかがえます。そして、彼らの通う遊里の弦歌のさんざめきも察せられます。

大坂の外港として、北前船にとどまらず、太平洋回りで直接江戸と往来する菱垣廻船《ひがきかいせん》（諸物貨物船）・樽廻船《たるかいせん》（酒樽中心の貨物船）の発着港ともなったので、廻船問屋・仲買問屋が軒を連ねて繁栄を競いました。

特に摂津の伊丹（兵庫県伊丹市）や池田（大阪府池田市）で醸造された清酒は江戸で下り《くだ》酒と呼ばれて珍重され、それに新興の灘《なだ》五郷（兵庫県神戸市魚崎・御影《みかげ》・西・西宮《にしのみや》市今津・西宮）が加わったので、樽廻船が頻繁に往来して菱垣廻船を凌《しの》ぎ、両者で紛争を起こすこともありました。

彼らはそれぞれに株仲間を組織し、西廻り廻船では、北前船が運ぶ蝦夷地の魚粕《うおかす》や昆布その他の海産物を畿内や中国・四国の各地へ売り捌《さば》いて巨利を得ました。イワシ・ニシンの魚粕（干鰯）は綿・藍・蜜柑など商品作物の大事な金肥《きんぴ》です。秋季北国から来航する北前船はまさに宝船。冬は船を休め、春には上方《かみがた》の豊富な生活物資を積んで大坂・兵庫津を発《た》つ北前船でした。

徳川幕府は明和六（一七六九）年、それまで尼崎藩支配だったものを幕府直轄領としました。利に敏《さと》い政策です。

称賛すべき高田屋嘉兵衛の偉業

江戸時代中末期に脚光を浴びた蝦夷地と上方往来の北前船ルートを、さらに延長させて活躍した船主が兵庫津に現れました。高田屋嘉兵衛（一七六九〜一八二七）です。

嘉兵衛は、淡路島西部の現・洲本市五色町都志《ごしきちょうつし》の農家に生まれ、二十二歳のとき廻船業者の叔父を頼って兵庫津で水夫《かこ》となり、何年も経ずに沖船頭《おきせんどう》（雇われ船長）に昇進。さらに寛政八（一七九六）年には、千石船を超す千五百石（二百三十トン）積みの大船辰悦丸《しんえつまる》を持つまでになりました。「豪商北風家などの資金援助があったか？」ともいわれますが、究極彼の商才と果敢な行動力が摑《つか》んだ成果でした。

その翌年には辰悦丸を駆って蝦夷地に行き、以来、近江商人が商権を占める江差《えさし》・松前《まつまえ》港を避けて寒村の函館を根拠地として、兵庫津に構えた本店と往来しました。

寛政十一（一七九九）年には、当時幕府の蝦夷地調査・開拓に従事していた近藤重蔵の依頼で国後《くなしり》・択捉島《えとろふとう》航路を拓き、翌年辰悦丸ほか四隻で択捉島に渡って十七の漁場を設けました。享和元（一八〇一）年、その功績で幕府から蝦夷地定雇船頭に任ぜられ、五年後には大坂奉行から蝦夷地産物売り捌き方の命を受け、北方交易の特権を得ました。

三年後、函館大火が起きるや住民の救済・復興に自己資金を投じ、翌年には造船所まで建設して蝦夷地発展に貢献しました。

しかし、当時通商を求めて来たロシアと、それを拒否した幕府との紛糾に巻き込まれ、ロシア艦長を捕らえた報復に、嘉兵衛はロシア軍の捕虜となってカムチャツカに連行されました。が、動ずることなく、体を張って両国間の和議を図り、日露通商条約締結の道を

淡路市塩田新島の淡路ワールドパークONOKOROに展示されている北前船「辰悦丸」（提供：淡路ワールドパークONOKORO）

拓いたのです。

嘉兵衛は五十歳で淡路島に隠居し、島の振興に努めましたが五十九歳で病没。明治政府は功績を賞して正五位を追贈しました。

辰悦丸による北前船航行の復活

下って昭和六十（一九八五）年には、嘉兵衛地元の寺岡造船の社長寺岡義一氏が辰悦丸を復元し、現在、辰悦丸は淡路市内の淡路ワールドパークＯＮＯＫＯＲＯ（旧名称は、おのころ愛ランド）に展示されています。

この復元に着目したのが、北前船の蝦夷地の発着地、北海道檜山《ひやま》支庁江差町の有志でした。その船で、かつての北前船航海を再現しようと計画し、地元の賛同を得て、昭和六十一年五月五日に辰悦丸がタグボートの曳航で淡路の津名港を出航し、六月十四日に江差着のプランを立て、航行の準備を整えました。

そして航路に当たる港に呼び掛けたところ、もろ手を挙げて呼応する港がしめて十九港もありました。大阪・丸亀・杵築《きつき》・下関・浜田・境港・美保関《みほのせき》・鳥取・但馬竹野・小浜《おばま》・敦賀《つるが》・三国《みくに》・輪島・佐渡小木・新潟・酒田《さかた》・秋田・能代《のしろ》・深浦の各港です。

辰悦丸の船頭には現役の漁師で、かつ北前ソングの象徴ともいうべき「江差追分《おいわけ》」の名手として名高い青坂満《あおさかみつる》がなり、行く港々で熱烈な歓迎を受けました。そのときの交歓がかつて北前船によって結ばれた港と港との親睦と繁栄を想起させ、互いの連携による沿海文化の新たな開発を計画させる機運を生んだと聞きました。辰悦丸が海面に描いた波紋の成果です。

北前船歌詞集――兵庫津

灘の酒造り唄

桶洗い唄（前年使用の仕込み桶、半切れ桶などに熱湯を掛けてササラ《竹製の用具》で洗浄する作業に）

音頭取「ハアー寒や北風　アー冷とては」　蔵子衆《くらこしゅう》「長の冬中が　勤まろか」

音頭「今日の寒いのに　洗い場はどなた」　蔵子「可愛い殿さでなけりゃよい」

酛摺《もとすり》唄（麹《こうじ》に蒸米と水を混合し、酵母を加えて酛《もと》《酒母《しゅぼ》》をつくる作業に）

音頭「めでためでたの　ヨーイヤ」　蔵子「ヨーイヨイ」　音頭「エー若松ヨーイナ様よナー」　蔵子「枝も栄える　ヨーイナ葉も茂る　ヨヤレ　ヨイヨイヨイ」

醪《もろみ》仕込み唄（酛に麹と蒸し米と水を加えて加熱昇温しながら醪に仕上げる作業に。三段階に時間を分けて増量増殖を行う）

①（櫂《かい》入れ作業。仕込み桶に酛・麹・蒸し米・水を入れて温度を上げ、櫂で混ぜ合わせ酵母の増殖を図る）

音頭「いつもナーエ　御嘉例のヨ　アーお風呂の上がり」

蔵子「ヤーいつもヨー　心が　なごやかに」

②（三本櫂。麹・蒸し米・水を増量していくあいだ、三、四人が相互に櫂を入れて掻《か》き混ぜる作業に）

音頭「シャンコシャンコ　馬に鈴さげて」　蔵子「春はござれや伊勢さまへ」

音頭「ハアヨーイ　お大社の　お大社の神に」　蔵子「なぜに宮川　橋がない」

音頭「ハアヨーイ　お大社の　お大社の神に」　蔵子「なぜに宮川　橋がない」

③（留め。醪の仕上げ作業に）

音頭「ヤレそうじゃ　わしらも思うた」　蔵子「これが押し上げか　おめでたや」

音頭「お日はちりちり　山端にかかる」　蔵子「わしの仕事は　小山ほど」

【ひとくち解説】

神戸港に近い灘は日本一の酒造地である。江戸時代の天保年間（一八三〇〜四三）、銘酒「櫻正宗《さくらまさむね》」命名者の山邑太左衛門《やまむらたざえもん》が、西宮の湧水（宮水《みやみず》）で美酒を造って以来、灘五郷に多くの酒造場が次々生まれた。

酒造り職人＝杜氏《とじ》（トウジとも）には京都府丹波地方の農民が冬季出稼ぎで雇われ、あちこちの酒蔵でさまざまな風味の銘酒を醸造した。

昔の手造り作業には、水汲み→桶洗い（桶流し）→米研ぎ→酛擦り→醪仕込み→醪詰め→醪絞りなどがあり、作業ごとに唄がうたわれた。唄には、元気づけ、気晴らし、眠気覚まし、時間測りなどの効用もあり、歌詞は固定せず、作業の状態やその場の気分に適した文句を音頭取りが口にした。なかでも祈願や予祝《よしゅく》、賛美の文句を欠かさなかったのは、酒で人の長命・寿福を促そうとする願意の表現である。

兵庫津周辺の伝統芸能・行事

西宮の初戎《はつえびす》

宮水の湧出で灘五郷繁栄の生みの親となった西宮は、漁民が崇敬するエビス様の総本社の鎮座地である。一説に大昔、この地の漁師が兵庫津沿岸の鳴尾浜《なるおはま》や和田岬付近で流れ寄る神像を網に掛け、家に持ち帰ったところ、「われを西の地に祀れ」とご託宣があり、里人に諮《はか》って西の浜辺に仮宮を設けたのが創始と伝える。

エビスの名は元来異民族をいう夷《えびす》で、夷神は遠い異郷から訪れた海の神を意味する。

それが豊漁や福運をもたらすとして漁民が崇め、農民からも田の神と仰がれ、のちには町民からも商売繁盛の神ともてはやされた。

西宮神社では正月十日を初戎、十日戎《とおか》と呼んで、その前後の三日間、参詣して当年の福運・商運を祈願する。毎年十日早朝、開門と同時に疾走して、参拝一番乗りを競う福男競争もテレビなどで話題となっている。

瀬戸内海沿岸にはエビス（夷・戎・恵比寿・蛭子などの字を当てる）を祀る社が多く、西日本から関東までも広く分布する。四方が海のわが国民俗の表徴である。

淡路人形浄瑠璃

西宮や明石海峡を隔てた淡路島は、わが国人形芝居の温床の地であった。平安時代後期の学者大江匡房の『傀儡子記』『遊女記』が記す百神、百太夫《ひゃくだゆう》は、海辺や街道筋を放浪する傀儡と呼ばれる人形遣いや幻術使い、歌舞を職とした傀儡女などの遊芸者の奉ずる神で、彼らクグツの有力な根拠地が西宮であった。

いまも社の境内社に百太夫社があり、これに奉仕したクグツたちは社の雑役を務め、また、エビスを象《かたど》る人形を掲げて各地を巡り、福徳を授ける歌舞を演じて、お札を家々に授けた。年々演目を増やして人気を得、室町時代には夷舁《えびすかき》と呼ばれて都の貴族の館にも招かれた。

淡路では、百太夫と名乗る傀儡が来て教えたのが人形芸の初めと伝えるが、おそらく百太夫神を奉じる傀儡芸人をいったのであろう。その淡路では、戦国時代末期、引田淡《ひきたあわ》路掾《じのじょう》という名手が現れ、宮中にも参り、また当時琉球から伝来した三線《さんしん》（後の三味線）で浄瑠璃姫《じょうるりひめ》の物語を語った、沢角検校《さわずみけんぎょう》の弟子目貫屋《めぬきや》長三郎と図って、三味線伴奏の芝居を創始したとされる。ただ別の説に、浄瑠璃と人形の合体は、次郎兵衛・監物《けんもつ》という浄瑠璃語りと西宮の夷舁が始めたともいう。

その後、浄瑠璃が語り物の代名詞となり、人形浄瑠璃芝居が京・大坂で成長繁栄し、民衆娯楽の寵児となった。淡路でも引田淡路掾の後継上村源之丞《うえむらげんのじょう》一座を筆頭に、幾つもの人形芝居の一座が生まれ、江戸中期には四十余の座を数えるまでになった。

江戸時代、淡路島は徳島藩領で、島内三原郡の上村一座や市村六之丞一座が特に蜂須《はちす》賀《か》藩主から庇護を受け、海峡を越えた徳島でも多くの人形芝居座が生まれた。徳島では人形の頭《かしら》作りが行われ、精巧さが称賛されて大坂の竹本座・豊竹座で重用された。

淡路から大坂に出た芸人も多かったが、十八世紀末に現・淡路市仮屋《かりや》生まれの植村文《うえむらぶん》楽軒《らくけん》が大坂高津橋西詰《こうづばしにしづめ》で浄瑠璃の興行を行い、その後転々として三代目文楽翁《ぶんらくおう》が明治五（一八七二）年、大坂松島新地に官許人形浄瑠璃文楽座の看板を掲げて人気を高めた。

しかし、孫の六代目のとき、座と経営の一切を松竹合名会社に譲り、以来、松竹の手で「文楽」の名が大阪の、ひいては国の人形浄瑠璃を代表する名となった。現在、文楽は国の重要無形文化財に指定されている。

一方、淡路では、農・漁村育ちの特性で、人形の頭も大きめなら操りの動きも大きく力強く、野性美にあふれて、演目も世話物より時代物が好まれた。

大阪にはない独自の作品もあったが、近代、産業・嗜好の変化とともに衰退に向かい、明治二十（一八八七）年には二十座、四十九年後の昭和十一（一九三六）年には七座となり、太平洋戦争後は三座、さらに一座となった。その危機感から、昭和二十七（一九五二）年に、発祥の地にある県立三原高校（現・淡路三原高校）が郷土部で人形浄瑠璃の研修を始めた。

昭和三十九（一九六四）年には、座員を揃えての淡路人形座を創設。翌年財団法人淡路人形協会を設立し、六年後に国の重要無形民俗文化財の指定を受けるに至った。その後、島の南端、鳴門《なると》の渦潮《うずしお》に臨む福良《ふくら》に小屋を移し、観光客をも呼び込んで賑わうようになった。

座員の多くは三原高校出身者で、同校の所在する南あわじ市では、小・中・高校を通じての人形浄瑠璃学習活動を奨励している。また、同市では発祥の地市三條《いちさんじょう》に淡路人形浄瑠璃資料館を平成二（一九九〇）年に開館し、市村六之丞一座の人形・道具その他多くの史料の展示を行い、人形芝居の母郷淡路の広報に努めている。

大坂——大阪府大阪市

なぜか日本の都の夢かなわず

近世、物流の大動脈となった北前船航路の西の発着地は大坂港でした。遡って古代、大和王朝の海外進出・交流の拠点港となったのも昔の難波津《なにわのつ》、すなわち大坂港でした。西海・南海に向かい、背に淀川を通じての山城《やましろ》の京、大和川を通じての大和の京を負う地の利を得た大坂です。しかし、「商都」になっても「首都」になり切れなかったのが不思議でなりません。

第十五代応神《おうじん》天皇が大隅宮《おおすみのみや》を、第十六代仁徳《にんとく》天皇が高津宮《たかつのみや》を、第三十六代孝徳《こうとく》天皇が長柄豊碕宮《ながらのとよさきのみや》を、第四十五代聖武《しょうむ》天皇が難波宮《なにわのみや》を造営しながら、それはほんのひとときでした。

飛んで戦国時代末、天下を統一した豊臣秀吉が難攻不落の大坂城を築きながら、これも二代目秀頼が徳川家康に滅ぼされて、徳川幕府の直轄領となりました。

町人の街、蔵屋敷の街

幕府直轄となってのち、幕府は大坂城には大坂城代を置きましたが、町は南・北・天満《てんま》の三組に分けた大坂三郷《さんごう》に分割、総年寄《そうとしより》を名乗る町の有力者三人が中心となって、それぞれ町を治める自治体制を敷きました。

なかでも北組総年寄の淀屋常安《じょうあん》は、氾濫と土砂の堆積に悩む淀川の堤防改修に尽くし、河口に近い中洲《なかす》を拓いて、そこに諸国諸大名の蔵屋敷を集めました。中之島です。

蔵屋敷は、諸大名が年貢米や領内の産物を保管・販売するために設けた倉庫兼邸宅でした。秀吉時代に加賀前田藩が、米十万石を大坂城に供給するために設けたのをきっかけに、他の藩もそれにならって建てました。

徳川将軍家が江戸に幕府を開いてからも、諸大名は蔵屋敷をそのまま大坂に残し、領内から運んだ米や特産物をここで金銭に換えて藩政の基金としました。

現物経済から貨幣経済に代わる時代です。淀屋などの大坂商人が藩の代行で、各藩が蔵屋敷に運び込んだ米の販売から代金の収納を一手に引き受け、金銀の両替をも行って、その手数料で巨利を得ました。

そのなかから、鴻池《こうのいけ》善右衛門家など、積んだ巨財で諸藩に貸付けもする大富豪が生まれました。淀屋二代目言當《げんとう》は売買する米の取引価格を決める米市を開き、一般農家のものも合わせ、青物市や魚の干物を扱うザコ場なども開いて商況を拡大させました。

物流集積で天下の台所に飛躍

寛文十二（一六七二）年、河村瑞賢が日本海側から大坂に通じる西廻り海運を拓き、さらに淀川河口に横たわる九条島を割いて安治川《あじがわ》を通しました。元禄十二（一六九九）年には淀川の分流木津川の水路の開削が行われて、両河口から市内の河川・掘割《ほりわり》への船輸送が容易になり、享保十五（一七三〇）年には中之島対岸の堂島に公許の米市場が誕生。年間百五十万石もの米が集まって、ここでの米価が各地の米相場の指標とされました。

河口の湊へは江戸往来の菱垣廻船・樽廻船、そして西廻りの北前船が出入りし、東西物

菱垣新綿番船川口出帆之図（提供：西宮市郷土資料館）

産流通の「天下の台所」の評価が高まりました。

北前船が大坂にもたらした宝物

北国から来る北前船の大坂への入港は晩秋の旧暦十月でした。船が運んできたものは、東北・北陸の米のほか、特に貴重視された蝦夷地の海産物、ニシン粕と昆布でした。

大坂周辺の摂津・河内《かわち》・和泉地方では、戦国争乱のあと、菜種・煙草・木綿など換金作物の生産が盛んになり、それには人肥《じんぴ》より肥効性の高い魚粕、特にイワシ粕が求められましたが、乱獲が過ぎて漁獲が減り、代わって渡《お》島《しま》半島沿岸に夏季集まるニシンが重用されました。そのニシン粕が北前船の目玉商品になったのです。また、だしによし料理にもよし、栄養価が高い昆布が着目されて、塩昆布など京・大坂の欠かせぬ食文化となりました。

北前船の船子は海の吟遊詩人

大坂湾は古来、都の玄関口としてアジア諸国からの文化・芸能が舶来し、中世には南蛮文化の伝播、特に目立っては沖縄から楽器の三線が堺港に渡来して三味線を生み、これを伴奏とする組歌・端唄《はうた》が京・大坂で流行しました。また、三味線に乗せて物語る浄瑠璃が生まれ、それを摂津の西宮や淡路島居住の人形廻しが芝居に仕組んで人形浄瑠璃を始めました。文楽の祖先です。

三味線歌は大坂から江戸に広がって、長唄・端唄・小唄などや浄瑠璃から出た清元《きよもと》・常磐津《ときわつ》・新内《しんない》などを生みましたが、三味線は元来がリズム楽器で、手軽に持ち運びも簡単。シャカシャカ弾きまくれるので民謡の伴奏にも用いられ、幕末期には北前船など船乗り衆の通う港々の遊里で、二上がりの調弦に乗せて陽気にうたう「二上がり甚句《じんく》」が流行りました。その口から口への唄の伝播は水の流れに似て、各地に似通った唄が残されました。

北前船の船子には塩飽《しわく》諸島など瀬戸内出身者が数多く、本人は気づかずとも、彼ら船人は、日本各地の唄をつなぎながら広めてまわった海の吟遊歌人でもあったのです。

大阪湾に注ぐ淀川を京都の伏見まで上り下りする三十石船の船頭衆がうたった舟唄がいまに残っていますが、これが瀬戸内海のあちこちの櫓漕ぎ唄と血を同じくしているのも、海川を往来する船と船人が、各地の文化交流の大事な担い手であったことを示すものといえましょう。

北前船歌詞集——大坂

淀川三十石船舟唄

ヤレサー　伏見下ればナー　淀とはいやじゃエ　ヤレエーいやな小橋《こばし》を　艫《とも》下げ
にゃ　ヤレサ　ヨーイヨイ　ヨイ
淀の上手《かみて》の　千両の松は　売らず買わずの　見て千両
淀の川瀬のあの水車《みずぐるま》　だれを待つやら　くるくると
八幡山《はちまんやま》から山崎山へ　文《ふみ》を投げたか　届いたか
八幡山から橋本見れば　赤前垂《あかまえだれ》が　出て招く

ここはどこじゃと船頭衆に問えば　ここは枚方《ひらかた》　鍵谷浦《かぎやうら》
鍵屋浦には錨《いかり》はいらぬ　三味《しゃみ》や太鼓で　船留める
ここは唐崎　弥右衛門屋敷　腕に縒《よ》り掛け　押せ船頭
ここはどこじゃと船頭衆に問えば　ここは三島江《みしまえ》　馬場の茶屋
眠《ねぶ》たかろけど眠《ねぶ》た眼覚ませ　ここは大坂　八軒屋《はちけんや》

【ひとくち解説】

江戸時代、宇治川・淀川の水路を利用して、京都南部の伏見から大坂中央部天満橋《てんまばし》南詰の八軒屋までの約四十五キロメートルの区間を往来する客船があった。三十石の米を積む能力のある全長十メートル余、幅四メートル余の六反帆船である。下りに六時間、上りに十二時間を要したというが、船中、船頭が艪《ろ》を押しながら唄をうたって旅客を慰めた。

ゆったりとした下り船で、ここはどこ、ここには何がとの説明を唄にしながら、終着地に至るサービス心が滲《にじ》んでいる。船頭には、瀬戸内海の小豆島の住民がなる慣例で、節は瀬戸内一帯でうたわれている櫓漕ぎ唄の流れである。

天満の子守歌

ねんねころいち　天満の市《いち》で　大根揃えて　舟に積む
舟に積んだら　どこまで行きゃる　木津《きづ》や難波《なんば》の　橋の下
橋の下には　かもめが居やる　かもめ捕りたや　網欲しや　網はゆらゆら由良之助《ゆらのすけ》
橋の下には　お亀が居やる　お亀捕りたや　竹ほしや
竹がほしけりゃ　竹屋へ行きゃれ　竹は何でもござります　竹はゆらゆら由良之助

【ひとくち解説】

大阪市北区南東部の旧淀川右岸一帯の天満は、江戸時代商業地として栄え、商家には近郷農家から子守や女中奉公に来る者が多かった。唄は、水都大坂の川から海への水路を尻取り文句で綴《つづ》っている。天満の下流から分流する木津川が南に下って旧難波村、旧木津村を東岸に見ながら海に出る。鴎《かもめ》も飛び交ったであろうし、町名にも残った。由良之助は人形浄瑠璃の『仮名手本忠臣蔵《かなでほんちゅうしんぐら》』の主人公。大坂では子守娘でも知った名であった。

大坂周辺の伝統芸能・行事

天満天神祭《てんじんまつり》

大阪市北区天神橋、大阪天満宮の七月二十四、二十五日の祭事である。大阪を代表する夏祭りで、本祭りの二十五日には神輿・鳳輦《ほうれん》・触れ太鼓・台鉾《だいほこ》・獅子・花傘・八乙女《やおとめ》・稚児《ちご》・武者行列などの大行列が天満橋に渡御し、それを橋下でお迎え人形船・どんどこ船・かがり船・囃子船などが迎えて神輿・鳳輦が御座船に乗り、堂島川を都島大橋まで川渡御をする。

百艘もの大船団が祭り囃子《ばやし》も賑やかに航行する光景は、水都大阪ならではの見ものである。大橋からは折り返して本社に還御《かんぎょ》し、境内《けいだい》で地車《だんじり》太鼓ほか華麗な芸能が披露され、花火の打ち上げもある。

堀江《ほりえ》の盆踊り

大阪市西区北堀江町の盆踊り。堀江は淀川の分流木津川の東岸にあり、北は長堀、西は横堀、南は道頓堀《どうとんぼり》に囲まれた草原に、元禄十一（一六九八）年、河村瑞賢が堀江川（掘割）を拓いて廻船の出入りを容易にし、材木の集散も行われるようになった。

新開地に浄土宗寺院和光寺《わこうじ》が建ち、境内あみだ池の周辺に茶店ができ、相撲小屋、見世物小屋なども建ち、花街《かがい》が生まれた。明治四（一八七一）年には堀江遊郭が認可され、厳格な芸子教育で名代の芸どころと謳われた。

盆踊りは旧七月二十三、二十四日の地蔵盆にうたい踊られたもので、芸子が団扇を手に舞台で踊った。太棹《ふとざお》三味線・笛・太鼓・摺鉦《すりがね》の伴奏で、しっとりとした情感が唄を艶やかにする。歌詞に「ヤッチキドシタイ」の文句が入るのが面白く、これは京大坂の踊り唄でうたわれた「ヤッチキドッコイショ」から出たもの。また、「かんてき割った、擂鉢《すりばち》割った」はわらべ歌の文句である。

現在うたわれる歌詞は、昭和五（一九三〇）年に旧来の歌詞を挿入しながら編作した新しいもので、堀江の景物を並べた文句の目立つのは、当時の経済不況で客足の減った花街の宣伝を意図したためであった。

もはや花街は跡形もなく、盆踊りは旧地に建つ堀江小学校校庭で、八月盆明けの平日二日間、堀江連合振興町会の主催で踊られる。

河内音頭

大阪府の南東部、旧河内国地方の盆踊り唄。河内は現・大阪府東南の平野部から生駒山脈の裾野にかけての旧農村地帯で、気骨と野性的な人柄と文化を育ててきた。独特の河内弁で繰り出す張りのある歌唱が魅力である。

北・中・南の河内三郡でそれぞれ特色を分け合うが、中河内の八尾《やお》市の八尾地蔵で名高い常光寺《じょうこうじ》が発祥地であったと伝え、いまも地蔵盆の八月二十三、二十四日の夜間、境内に櫓《やぐら》を組んで盛大にうたい踊る。

「流し節正調河内音頭」と呼び、「八尾地蔵霊験記《れいげんき》」「俊徳丸《しゅんとくまる》」「網島心中《あみじましんじゅう》」など、七・五詞型または七・七詞型の文句の繰り返しで物語をうたい流す。いわゆる口説唄である。正調は、ゆったりと優雅に口説く歌唱で、踊りも櫓の周りを二重三重に囲んでしなやかに踊り巡る。

北河内の唄は、幕末の慶応三（一八六七）年、現・門真《かどま》市野口在住の歌亀という歌自慢が義太夫節を取り込んだ新節をうたって評判を得て定着した。南河内の唄は現・富田林《とんだばやし》市に住んでいた車引き・岩井梅吉が、明治二十六（一八九三）年、滋賀県八日市場《ようかいちば》を中心に県内に流行した祭文《さいもん》調の江州音頭《ごうしゅうおんど》を取り入れた節で改良節と呼ばれた。

以来、いろいろの音頭取りが若干の節替えをしながら伝えてきたが、下って昭和三十（一九五五）年頃から、八尾市職員で音頭取りを務めた鉄砲光三郎《てっぽうみつさぶろう》が、浪曲や安来節《やすぎぶし》、ジャズなどの要素を取り入れ、強く早間のリズムでダイナミックに詠みあげる「鉄砲節」を編み出し、妻光子の太鼓とのコンビで人気を集め、やがて歌謡界を席捲して一躍河内音頭ブームを巻き起こした。

現在、常光寺では、「正調流し節」のあとに、八尾市出身の伝承者河内家菊水丸《かわちやきくすいまる》などによる「新節」の演唱も併せて行っている。なお、八尾市には菊水丸が館長を務める「河内音頭記念館」があり、関係史料や音資料の収集と展示を行っている。

唄の源流は、地元では室町時代、常光寺再建の用材を大和川から運び、作業したときの木遣《きやり》であろうかとの説を伝えるが、口説の性質から、瀬戸内地方に多い口説歌謡とのつながりが深いと思われる。それらに、歌祭文《うたざいもん》や江州音頭・浪曲などの口跡《こうせき》が粉飾されたものであろう。

あとがき

港がつなぐ日本のうたと文化

本書の基になったのは、平成二十七（二〇一五）年一月号から翌年四月号まで『第三文明』誌に連載した「北前船が運んだ文化・芸能を探る」です。第三文明社社長・大島光明氏と、知友の日本芸能協会代表理事・新倉武氏から「近世中期から明治中期に名を高めた北前船は物を運んだが、芸能文化の伝播・交流にも貢献したはず。どんな働きをしたか追ってほしい」との提言があり、それに応えての執筆でした。

私自身は、長年、全国の民俗芸能の調査研究に携わって各地を訪ねましたが、船舶には詳しくはありません。ただ、四方海に囲まれ、大小七千余の島嶼《とうしょ》から成るわが国は、船なくして文物流通は成し得ず、船の発着する水門《みなと》がその交流の拠点となり、国内外の接触で文化はその地で膨らみ、成熟しました。自然、私の足も水門の地に数多く向かいました。

水門は読んで字のごとく、川・海の水の出入り口のこと。わが国は、国土の七五パーセントが山地で、湧き出る水が本流・支流・分流と細分しながら海に流出する河川はおびただしく、河口の水門がそのまま山地への水門ともなって、河川の上・中流を遡行《そこう》、往来する川船の発着場となるところが数多くありました。

近世、北前船の立ち寄る本州沿岸の港の多くは、内陸山地から流れ下る長流の河口にあり、海路と内陸路を結んで両者の文物の集散を行う山海の水門となり、人馬行き交う街道への門口ともなって、三門往来の物流・消費と、その刺激によって生まれる創造のミカド（三門）都市《まち》となりました。

芸能は、こうした環境から豊潤に花を開きます。農村漁村の生活の中で芽吹いた民謡の種子が人の口から口へと街に運ばれ、宿・料亭・花街《かがい》の宴席で芸妓・芸人の色艶をかけた流行《はや》り唄になるという経路が一つ。また、街に運ばれた各地の唄や踊りが単独に郷土化するか、交配して新たな歌舞を生むこともありました。土地の有徳人《ゆうとくにん》が他郷で見た芸能・祭礼の写しを街で興す例もあります。

本書は、北前船の寄港地を焦点に、ミナト、ミカドを媒体として流伝する日本の民謡の生態を追いましたが、同時に、その水門と繋がる周辺地域の芸能文化をも取り上げました。

今回挙げた港街は、どこもすてきな芸術都市です。それぞれが持つ海陸の多彩な文物を集めて地方芸術化させた、「ミナト・ミカド文化」の磁力をも称えたかったのです。

執筆にあたってもっとも教唆を受けたのは、民謡研究の祖と呼んでも良い故・町田佳《か》聲《しょう》氏（一八八八〜一九八一）の研究でした。町田氏とは、ご生前から長期にわたって知遇を得、お説をうかがっていましたが、本書が特に学恩を蒙ったのは、町田氏の論文「民謡源流考」（東洋音楽学会編『日本の民謡と民俗芸能』所収、一九六七年、音楽の友社）でした。当論文は、二年前の一九六五年、日本コロムビアが製作したレコード組物『江差追分《えさしおいわけ》と佐渡おけさ（民謡源流考）』の解説を書き改めたもので、「民謡が移動、流転してゆくばあいに、土地柄とかうたわれる目的によってさまざまに形を変えてゆくその道程を知りたいことが本願」とし、その大きな例として「江差追分」と「佐渡おけさ」を取り上げました。「追分節」「おけさ節」共に、北前船全盛のころ流行を見た民謡で、「おけさ節」の源流は、九州天草《あまくさ》島の牛深《うしぶか》港で船乗り衆がうたい囃《はや》した「はいや節」で、それが海路越後の港々へ流伝し、「おけさ節」と名と節を変え、また、「はいや」は「あいや」の名で、東北沿岸を北上し、さらに太平洋沿岸まで伝播していったことを詳細に検証しています。「追分節」は、中山《なかせん》道《どう》の宿駅信州追分周辺の馬子唄《まごうた》が、どのような経過で北海道渡島《おしま》半島西海岸の江差港で

「江差追分」と呼ばれる唄になったかを、前者同様、曲譜と共に綿密に考証解説しました。この研究には愛弟子の竹内勉氏（一九三七〜二〇一五）が参加しましたが、竹内氏はさらに掘り下げて『追分節』（一九八〇年、三省堂）を世に出しました。また他にもあり、私の文も、両氏の研究に負うところが多く、学恩を感謝しております。

また、私は、北前船の北の起点江差とは縁が深く、度々訪れ、館和夫氏、松村隆氏などの研究者、佐々木基晴氏、青坂満氏などの伝承者からの教示を、潮の香と共に身に沁みこませました。町内の追分会館には北前船関係の民謡資料がいっぱいあります。

北前船そのものには専門の知識が乏しく、永田信孝氏著『北前船』（二〇一五年、長崎文献社）、中西聡氏著『北前船の近代史』（二〇一三年、交通研究協会）などから知見を得ました。港々への旅は、数十年前の記憶のものもあり、自身の『民俗芸能辞典』『日本民謡辞典』『全国年中行事辞典』（いずれも東京堂出版）の他、地誌・案内書などを参考にさせていただきました。

終わりに、第三文明社の皆様に厚く御礼申し上げます。

二〇二一年六月

三隅治雄

ゆ

よ

り

れ

ろ

わ

み

む

め

も

や

ふ

へ

ほ

ま

な

に

の

は

ひ

け

こ

さ

か

き

く

索引

◆著者略歴

三隅治雄（みすみ・はるお）

1927年、大阪生まれ。50年、國學院大學卒業。同大學国文学科で折口信夫・西角井正慶に師事。東京国立文化財研究所芸能部長・実践女子大学教授、日本民謡協会理事長などを歴任。広く国内外の伝統芸能の調査研究に従事し、とくに伝承学的立場から民俗芸能の研究に努める。芸術祭賞等受賞。紫綬褒章受章。著書に、『郷土芸能』（大同書院出版）、『日本舞踊史の研究』（東京堂出版）、『原日本おきなわ』（第三文明社）、『民族の芸能』（河出書房新社）、『日本の民謡と舞踊』（大阪書籍）など多数。

本書は雑誌『第三文明』（2015年1月号～2016年4月号）に連載した「北前船が運んだ文化・芸能を探る」に加筆し、さらに新たに書き起こした項を追加してまとめました。

装幀／奥定泰之
カバーイラスト／五来龍人（G.P.F.）
本文レイアウト／株式会社フレックスアート
地図作成／株式会社クリエイティブメッセンジャー

北前船《きたまえぶね》が運《はこ》んだ民謡文化《みんようぶんか》

2021年8月15日　初版第1刷発行

著　者　三隅治雄《みすみはるお》
発行者　大島光明
発行所　株式会社　第三文明社
東京都新宿区新宿1-23-5　〒160-0022
電話番号　03(5269)7144（営業代表）
03(5269)7145（注文専用）
03(5269)7154（編集代表）
振替口座　00150-3-117823
URL https://www.daisanbunmei.co.jp/

印刷・製本　精文堂印刷株式会社

©MISUMI Haruo 2021　Printed in Japan
ISBN 978-4-476-03381-6
落丁・乱丁本はお取り換えいたします。ご面倒ですが、小社営業部宛お送りください。
送料は当方で負担いたします。
法律で認められた場合を除き、本書の無断複写・複製・転載を禁じます。